KB108161

당신은
어떤 말을
하고 있나요
?

백 마디 불통의 말, 한 마디 소통의 말
당신은 어떤 말을 하고 있나요?

초판 1쇄 발행 2015년 01월 05일
초판 2쇄 인쇄 2018년 10월 10일

지은이 김종영
펴낸이 박상진
편집 김제형
제작 오윤제
관리 황지원
디자인 디자인 지폴리

펴낸곳 진성북스
출판등록 2011년 9월 23일
주소 서울시 강남구 영동대로 85길 38 진성빌딩 10층
전화 (02)3452-7762
팩스 (02)3452-7761
홈페이지 www.jinsungbooks.com

ISBN 978-89-97743-16-2 03320

진성북스는 여러분들의 원고 투고를 환영합니다. 책으로 엮기를 원하는 좋은 아이디어가 있으신
분은 이메일(jinsungbooks@jinsungbooks.com)로 간단한 개요와 취지, 연락처 등을 보내
주십시오. 당사의 출판 컨셉에 적합한 원고는 적극적으로 책으로 만들어 드리겠습니다!

진성북스 네이버 카페에 회원으로 가입하시는 분들에게 다양한 이벤트와 혜택을 드리고 있습니다.
진성북스 공식 카페 http://cafe.naver.com/jinsungbooks

백 마디 불통의 말 한 마디 소통의 말

당신은
어떤 말을
하고 있나요

?

서울대 기초교육원 교수 김종영 지음

진성북스

목차

2부 소통의 원리를 알면 말이 보인다

소통이 막힌 시대, 수사학이 필요하다

기원전 401년 페르시아 왕자 퀴로스는 모함에 빠져 죽을 위기에 처한다. 위기에서 벗어나기 위해 그리스 용병들을 이끌고 페르시아 정벌에 나서지만 꿈을 이루지 못하고 중도에 죽고 만다. 그리스 용병들은 적국의 한복판에서 고립무원의 처지가 되었다. 난국을 타개하기 위해 온갖 노력을 기울이지만 뾰족한 수는 보이지 않고 설상가상 이들을 지휘하던 장군들도 페르시아군의 술책에 넘어가 처형된다. 지휘관을 잃고 우왕좌왕하는 용병들 앞에 한 사람이 나타나 힘있게 몇 마디 말을 던진다.

여러분, 전쟁의 승리는 군사의 수와 힘으로 결정되지 않소! 그것은 어느 편의 정신력이 더 강한가에 달려 있음을 아시오. 가족과 재회하는 최고의 길은 용감한 전사가 되는 것이오. 살 수 있는 유일한 방법은 적을 이기는 것밖에 없소. 이기면 적군이 죽지만 지면 우리가 죽는다는 사실을 명심하시오!

이 말의 주인공은 지휘관도 아니고 전투 경험이 많은 병사도 아니었다. 그저 친구 따라 얼떨결에 용병으로 따라나선 사람이었다. 그의 탁월한 수사적 리더십으로 그리스 용병들은 용감히 싸웠고 천신만고 끝에 적지에서 벗어나 드디어 그리스 땅으로 돌아간다. 그는 크세노폰이다. 바로 소크라테스의 제자다. 크세노폰의 말을 듣고 그리스 용병들은 분발하기 시작한다. 의지가 꺾인 사람들에게 용기를 북돋아준 것은 단지 말뿐이었다. 어떻게 사람들이 그를 따랐을까? 그가 위기 상황에서 내놓은 말이 그들에게 믿음을 준 것이다. 물론 그 말을 한 사람의 인품이 훌륭해야 더 신뢰가 가겠지만 그리스 용병들은 크세노폰이 누군지도 몰랐다. 다만 위기 상황에서 그의 말에 가장 믿음이 갔던 것이다. 사람들은 앞다투어 자신들을 이끌어달라고 애원했다.

지도자에 따라 조직의 명운이 갈린다. 문제는 말이다. 말의 힘이 얼마나 무섭던가? 말은 아픈 상처를 치유해주고 기쁨을 주고 평화를 선물한다. 그런데 이 말이 때로는 사람들을 불편하게 만들고 상처를 주는데 말로 생긴 상처는 쉽게 낫지도 않는다. 그래서 말이 문제가 된다. 따지고 보면 리더십은 리더의 소통 능력에서 시작한다. 소통 능력은 리더에게만 중요한 것이 아니라 인간이라면 누구나 갖추어야 할 자질이다. 어째서 인간에게 소통 능력이 그리 중요한 것일까?

인간은 외부의 불가항력적인 환경에 대응하기 위해 무리지어 살아왔다. 집단에서는 타인과 소통해야 했고 말이 필요했다. 그런데 인간은 신도 아니고 바보천치도 아닌 어정쩡한 존재다. 이런 인간을 반신반수라고 부르는 사람도 있다. 때로는 신성神性도 있고 때로는 수성獸性도 가진 것이 인간이다. 신과 같은 존재라면 어떤 말에도 갈등이 있을 수 없다. 이미 도道의 경지에 이르러 모두 이해할 수 있는 지존의 모습이기에 그럴 것이다. 차라리 바보천치라면 판단할 수 없어 항상 히죽거리며 웃을 수 있으니 갈등이 없을 것이다. 어찌보면 그렇게 사는 것이 더 현명할지도 모르겠다. 사정이 이렇다보니 평범한 인간은 갈등 앞에 자주 노출될 수밖에 없다. 갈등은 어떻게 해결하나? 말을 매개로 서로 소통해 해결할 수 있다. 그런데 그게 여간 어려운 게 아니다. 누구나 그런 능력이 있는 것도 아니다. 그래서 적잖은 위기가 발생하고 갈등이 조성되었을 때, 이것을 제대로 파악하고 문제를 해결하는 자는 진정한 리더로 추앙받는다.

최근 우리 사회에도 '소통'이라는 단어가 부쩍 늘었다. 이것은 그만큼 소통이 어렵고 제대로 된 소통이 필요하다는 사실을 방증하는 것이 아닐까? 그런데 어쩌랴? 제대로 된 소통 교육을 받지 못했으니. 고작 읽고 쓰고 말하고 듣는 기초 능력 정도만 학교에서 가르쳤던 것 같다. 품격 있는 말하기, 신뢰를 주고 공감을 얻는 소통 능력은 단순히 어문 교육으로 배울 수 없다. 그렇다면 소통 능력을 어떻게 키울 수 있을까? 종합적 지식과 다양한 경험을 쌓아야 하지 않을까? 그래서 따져본다. 지식과 실행을 아우르고 이론과 실천을 통섭하는 학문은 무엇일까? 바로 수사학修辭學이다.

수사학은 생각과 말과 행위를 조화시키는 소통 학문이다. 최근 인문학 열풍이 전국을 강타하고 있다. 인문학은 인간학이고 그 중심에 수사학이 있다. 이런 수사학을 키케로는 만사萬事의 여왕이라고 했다. 수사학은 고대 그리스에서 태어났다. 역사가 2,500년이나 된다. 어떻게 지금까지 사람들에게 회자될 수 있을까? 수사학이 가진 생명력 때문이다. 인류의 문명사적 조건이 수사학을 부르고 있다. 그래서 사람들은 현대를 수사修辭의 시대라고 부르고 이 시대를 살아가는 인간 존재를 수사적 인간rhêtorikos이라고 부른다.

왜 우리 시대는 수사학을 요구하고 있을까? 세 가지 관점에서 생각해본다.

첫째, 우리는 글로벌 시대에 살고 있다. 글로벌 사회는 다양한 사람들과 더불어 사는 지혜를 필요로 한다. 수사학은 상대로부터 신뢰와 공감을 어떻게 얻을 수 있을지 고민하면서 시작한다. 수사학은 글로벌 시대의 필수 덕목이다.

둘째, 우리는 민주주의 시대에 살고 있다. 민주주의에서는 말이 생명이다. 문제가 발생하고 갈등이 조성되면 해결책을 찾아야 한다. 수사학은 매 순간 유용한 설득 수단을 가르쳐준다. 수사학은 민주주의 시대의 해결사다.

셋째, 우리는 지식정보화 시대에 살고 있다. 현대인은 제때 필요한 지식을 찾아 이것을 잘 다듬어 자기 식으로 표현할 수 있어야 한다. 수사학은 생각을 발견하고 정리해 표현하는 전 과정을 체계적으로 알려준다. 수사학은 지식정보화 시대의 나침반이다.

이 책은 오늘날 리더의 덕목인 소통의 원리가 수사학에서 왔다는 것을 보여줄 것이다. 우선 수사학의 본 뜻이 무엇이고 어떤 배경에서 탄생했는지 추적해 수사학에 대한 이해의 폭을 넓히고자 한다. 수사학을 정확히 무엇이라고 정의내릴 수 있는지 고전을 중심으로 살펴보는 것은 흥미로운 일이다. 나아가 고전 수사학의 핵심 개념과 기본 체계를 수사적 소통의 원리로 삼아 여러 사례를 설명해나갈 것이다. 『일리아스』에서 개그 콘서트까지 2,700년을 넘나드는 동·서양 인간의 이야기를 수사학으로 포착하고 소통 원리를 파헤쳐 독자들의 교양과 수사법의 깊이를 더해나갈 것이다.

우리 사회는 선진국 길목에서 정치·경제·사회적 갈등으로 이미 위험 수위에 다다랐다. 갈등을 치유하기 위한 해법을 수사학에서 찾고자 한다. 수사학적 원리를 이해하고 현실에 적절히 적용한다면 집단과 개인의 품위 있는 소통이 가능하고 이것은 갈등 해소의 지름길이 되리라 믿기 때문이다. 소통이 막힌 시대, 수사적 소통을 대안으로 숙고해본다면 의미 있는 결과를 얻을 수 있으리라 본다.

2014년 11월
관악산 연구실에서 김종영

1부

품격있는 말의
원리를 찾아서

01 | 인문학의 출발은 수사학이다

●●
만사의 여왕

작품 하나를 감상하면서 이야기를 시작해보기로 하자.

이 그림은 '수사학의 알레고리'라는 이름이 붙어 있는 목판화로 수사학과 여러 학문들 사이의 관계를 잘 보여주고 있다. 제목에 알레고리라는 말이 들어 있는 것을 보니 이 그림은 수사학의 본래 의미를 밝혀 보이려고 하는 것 같다. 그림을 찬찬히 살펴볼까?

우선 가운데 화려하게 차려입은 여인이 보인다. 바로 수사학의 여인이다. 이 여인을 중심으로 여러 인물들이 둘러싸고 있는데 위쪽에 있는 인물들은 한결같이 책을 들고 있다. 여인의 시선이 머물고 있는 사람부터 볼까? 이 사람은 로마 건국신화 『아이네이아

수사학의 알레고리(그레고르 라이쉬 1503년작)

스』를 쓴 베르길리우스이다. 로마 최고의 시인답게 그의 손에 든 책에 '시poesie'를 뜻하는 글귀가 보인다. 여인이 바로 이 책을 붙잡고 있는 것을 보니 수사학은 시와 밀접한 관계가 있나 보다. '시'라는 말은 그리스어 'poiein'에서 유래했는데 이 말은 원래 '만들다, 짓다'라는 의미를 갖고 있었다. 그러니까 시뿐만 아니라 만드는 모든 행위는 이 말에 포섭되었던 것이다. 그래서 옷을 만드는 사람, 구두를 만드는 사람, 벽돌을 만드는 사람을 모두 포이에테스poietes라고 불렀다. 그런데 어느 순간부터 이 말은 시인의 전유물이 되기 시작했다. 그러면 시인은 무엇을 만드는 것일까? 바로 이야기를 만들었던 것이다. 뮈토스mythos 말이다. 보통 신화로 번역되지만 이 말은 원래 이야기였다. 우리가 일상적으로 하는 모든 말이 뮈토스인 셈이었다. 그런데 시인이 만든 말 가운데 상상력을 동원해 만든 허구적인 이야기를 두고 이런 이야기를 만드는 사람은 현실의 모방자일 뿐이라고 하면서 말로 만든 이야기에 다른 이름을 붙이기 시작했다. 이 말이 바로 로고스logos가 된다. 말을 짓고 말하는 사람이 어디 시인뿐이겠는가마는 수사학 여인이 시인을 바라본다는 것은 그만큼 이런 일을 하는 사람에게 애착을 갖는 것은 아닐까?

그 인물 바로 위에 있는 이가 아리스토텔레스다. 그야말로 철학사에 찬란히 빛나는 대철학자다. 그는 많은 책을 남겼는데 그 중에는 『수사학』이라는 책도 있다. 수사학이 철학과 밀접한 관련이 있다는 사실이 이 책 첫 문장에 잘 드러나고 있다. "수사학은 변증론과 짝을 이룬다." 많은 수사학 이론가들이 수사학에서 철학의 중요성을 강조한다.

아리스토텔레스 오른쪽에 있는 인물은 유스티니아누스 대제다. 동로마제국 황제인 그는 로마 시민들에게 적용할 수 있는 표준 법률을 만들려고 노력한 끝에 시민대법전을 완성한다. '법leges'이라고 적힌 책을 들고 있다. 수사학은 법과도 밀접한 연관이 있다는 것을 알려준다. 그 오른쪽에 세네카가 보인다. 로마시대의 뛰어난 사상가로 우리에게 네로 황제의 스승으로 알려져 있다. 그가 들고 있는 책에 '도덕moralia'이라는 글자가 눈에 들어온다. 수사학은 도덕과 윤리와 뗄 수 없는 관계다. 수사학은 아는 것에만 국한하지 않고 이 앎을 어떻게 실천할 것인가에 대해 고민하는 학문이라는 말이다. 따라서 올바로 실천하기 위한 덕목은 수사학이 담아내야 하는 논거의 핵심이 된다. 세네카 바로 아래쪽은 살루스티우스다. 그는 역사가다. 로마 공화정 말기에 온전한 형태의 역사서를 남긴 유일한 사람이다. 자신을 잘 드러내고 있는 '역사historia' 책을 들고 있다. 역사란 무엇인가? 우리가 살아온 이야기 기록 아닌가? 수사학 여인이 이 책을 들고 있는 것을 보니 수사학과 역사의 관계는 특별한 것 같다.

이제 수사학 여인의 아래쪽에 있는 사람들을 살펴볼까? 이 사람들은 네 부분으로 나누어 볼 수 있을 것 같다. 우선 머리를 풀어헤치고 가운데 앉아 있는 사람이 보인다. 이 사람이 바로 로마 최고의 웅변가 키케로다. 원로원과 민중 앞에서 뭔가 말하고 있는 것 같은데 서 있는 사람의 옷에 밀로Milo라는 이름이 붙어 있는 것을 보니 바로 밀로를 변호하고 있는 것 같다. 그런데 왜 하필 그렇게 많이 승리한 변론을 모두 놔두고 실패한 변론을 그림으로 보여준 것일까? 작가의 상상력이 돋보인다. 혹시 말이라는 것이 백 번 잘하다가도 한 번 실수하면 돌이킬 수 없다는 것을 알리려는 것은 아닐까?

여기서 잠깐 키케로라는 인물을 살펴보자. 혹자는 키케로에 대한 평가를 제대로 내리지 못하고 있다. 역사학자 몸젠과 작가 시오노 나나미 같은 사람은 키케로를 노쇠한 정치가 정도로 묘사하고 있는데 그들은 키케로에 대해 제대로 알고 있는 것 같지 않다. 키케로는 이들이 전하는 그런 인물이 아니다. 키케로는 막강한 정치 세력에 대항해 공화정을 온몸으로 막아내려고 했다. 정세가 원하는 방향으로 흘러가지 않자 정치를 떠나 심혈을 기울여 많은 책을 집필한다. 이 책들이 인류 정신사를 살찌웠다. 이런 공로를 인정해 후대 사람들은 그를 인문학의 아버지라고 부른다. 앉아 있는 키케로 뒤로 사람들이 수군거리는 모습도 보인다. 수사학이 법이론뿐만 아니라 실제로 법을 적용하는 현장에서도 필요한 학문이라는 것을 보여주고 있다.

이제 수사학 여인의 모습을 볼까? 입에 뭔가 물고 있는데 자세히 보니 꽃과 칼이다. 꽃을 보니 향기가 나는 것 같고 칼을 보니 왠지 섬뜩하다. 이렇게 생각해볼 수 있겠다. 입에서 나오는 말은 향기롭고 주변을 환하게 해주지만 다른 한편으로 남을 해칠 수도 있다고 말이다. 그런데 입에 칼끝을 물고 있다. 혹시 남을 힘들게 하는 말, 상처를 주는 말이 결국 자신에게 돌아온다는 것을 암시하고 있는 것은 아닐까? 말을 신중히 하라는 교훈이 들어 있는 것 같다.

수사학 여인의 옷에서 글자 몇 개를 확인할 수 있다. Colores무늬, Enthymema약식 추론, Exeplu보기라고 써있다. Colores는 표현 수단에 속하고 Enthymema와 Exeplu는 주장의 근거를 대기 위해 사용하는 약식 추론과 보기를 뜻한다. 나머지는 뒤에서 설명하기로 하고 여기서는 Enthymema를 보자. 이 개념은 특히 아리스토텔레스 수사학에서 매우 중요한 개념이다. 우선 그리스어 entymema를 풀어볼까? en은 '~속에'라는 뜻이고 thumos는 '마음'이고 -ma는 '어떤 것'을 뜻한다. 조합해보면 '마음 속에 품은 것'이 된다. 이 마음 속에 품은 것을 밖으로 꺼내는 것이 관건인데 논리학에서는 그것을 추론이라고 한다. 추론이란 어떤 것 A를 근거로 다른 어떤 것 B에 도달하는 행위나 과정을 말하는데 이때 출발점 A를 전제라고 하고 목표점 B를 결론이라고 한다. 이렇게 전제를 근거로 결론을 이끌어내는 과정을 추론이라고 한다.

키케로는 "철학은 만학^{학문의} 왕이지만 수사학은 만사^{세상일의} 여왕이다."라고 말한 바 있다. 그리고 2,000년이 흘러 화려하게 부활하고 있는 수사학을 탐구하던 신수사학자 카임 페렐만은 수사학은 과거에도 중요한 학문이었지만 미래에도 여전히 중요한 학문이 될 것이라고 예단한다. 도대체 수사학이 뭐길래 그리 대단한 평가를 받는 것일까? 앞에서 살펴본 그림에서도 알 수 있듯이 수사학은 여러 학문들과 깊은 관계를 맺고 있을 뿐만 아니라 인간의 실생활과 뗄 수 없는 것이라는 사실을 어렴풋이 알 수 있었다. 좀 더 구체적으로 들어가 수사학의 맨살을 살펴보기로 하자. 아무래도 용어부터 풀어보아야 할 것 같다.

수사학, 수사(修辭), 레토리케, 레토릭

수사학이라는 말은 기원전 5세기 경 아테네에서 사용되는 rhêtorikê라는 말을 번역한 말이다. 그럼 rhêtorikê가 당시는 어떤 말이었는지 알아보자. 이 단어에서 뿌리가 되는 말은 rhe-라는 단어로 '말하다'라는 뜻을 갖고 있다. 여기에 사람을 뜻하는 -or라는 접미사가 붙는데 그 사이에 모음충돌을 방지하기 위해 -t라는 매개자음이 붙어 rhêtor라는 단어가 만들어진다. 그러니까 이 단어는 '말하는 사람', 즉 '연설가, 웅변가'를 지칭하는 말이 되는 셈이다. 그런데 이 사람은 주로 공적인 자리에서 공적인 말을 하는 사람을 뜻했다. 연설가를 뜻하는 rhêtor라는 말에 다시 -ike라는 접미사가 붙는데 이런 접미사가 붙으면 기술이나 학문을 지칭하게 된다. 그래서 rhêtorikê는 '공적인 자리에서 공적인 말을 하는 사람의 말하기 기술'로 이해할 수 있다. 이 단어는 영어로는 rhetoric, 독일어로는 Rhetorik, 프랑스어로는 rhetorique로 불리는데 우리도 수사학을 레토릭으로 지칭하기도 한다.

국어 사전을 보면 수사학은 "말이나 문장을 수식해 더 묘하고 아름답게 하는 일 또는 기술", "문장, 사상, 감정을 효과적으로 표현하기 위한 언어수단들의 선택과 그의 이용 수법을 연구하는 학문"으로 정의된다. 이런 뜻으로 미루어 우리말의 수사학은 주로 꾸미고 장식하는 의미가 많이 들어 있는 것을 알 수 있다. 서구의 수사학이라는 말이 일본을 통해 우리에게 알려졌기 때문이다. 일본에서는 수사학을 미사학美辭學으로 사용하기도 한다. 중국도 사정은 마찬가지다. 중국에서 수사학이라고 하면 언어적 표현 방식을 뜻하고 대개 문체 양식을 다루는 기법 정도로 사용되고 있다. 하지만 서구의 수사학은 표현에만 국한하고 있는 것이 아니었다. 생각과 말과 행동 모두 아우르는 총체적 개념이었다. 이에 대해서는 다음 절에서 더 상세히 다룰 것이다. 단, 여기서는 수사학을 지칭하는 한자어에 주목하고자 한다. 修辭 말이다.

사실 일본에서 서구의 레토리케를 수용하면서 '수사학'이라는 말을 쓰기 전에 중국 문헌에서 '修辭'라는 표현을 찾아볼 수 있다. 이 단어가 최초로 등장하는 동양 문헌은 『주역周易』의 건괘문언전乾卦文言傳이다. 공자가 군자의 나아갈 길을 언급하는 대목에서 수사라는 단어가 등장하는데 꽤 근사한 뜻이 있다.

> 공자께서 말씀하셨다. '군자는 덕을 밀고 나가 업을 닦는다君子進德修業. 충忠과 신信은 덕을 밀고 나가는 수단이 되고所以進德也 말을 닦고 정성스런 마음을 바로 세우는 것修辭立其誠은 업을 하는 수단이 된다所以居業也.

이렇게 보면 수사가 단순히 말을 장식하고 꾸미는 것이 아니라는 것을 알 수 있다. 몸을 닦고 학문을 닦고 도를 닦듯이 말을 닦고 마음을 닦는다는 내용을 포함하는 수양修養의 뜻이 들어 있다.

이 구절을 읽고 있으니 서구 수사학에서 말하기 교육을 통해 철학을 완성하려고 한 이소크라테스가 생각난다. 이소크라테스는 '수사학'을 지칭하는 레토리케라는 말을 직접 쓰진 않았지만 '수사적 인간'이라는 뜻인 레토릭코스rhêtorikos라는 말을 사용하였다. 수사적 인간은 공동체 생활에서 시의적절한 의견을 잘 구성하고 실천하는 현명한 사람을 뜻한다. 그리고 이런 사람을 양성하는 교육이 바로 말하기 교육이며 이것을 하는 학문이 바로 철학이라고 했다. 동양과 서양의 오랜 전통에서 등장하는 수사학에 대한 이런 의미는 이 책이 지향하는 소통의 수사학과 궤를 함께 한다고 할 수 있다. 어쨌든 수사학이라는 말의 족보는 밝혀진 셈이니 지금부터는 수사학의 탄생 이야기를 추적해보기로 한다.

●●
수사학의 탄생

수사학은 고대 아테네에서 태동한 것으로 알려져 있다. 아테네는 기원전 6세기로 넘어오면서 정치적 지형이 바뀐다. 민중이 참주를 몰아내고 폴리스를 직접 꾸려나간다. 민중이 귀족을 몰아내고 직접 통치한다는 것은 민주주의의 시작을 의미한다. 법을 만들거나 국가의 중요한 정책을 결정할 때 자유시민들이 모여 의견을 나누고 투표로 결정했다. 소송이 걸리면 당사자가 직접 대중 앞에서 자신을 변호해야 했다. 이제 말을 잘해 대중이 자신에게 표를 던지면 자신을 지킬 수 있을 뿐만 아니라 대중의 주목을 한 몸에 받게 되었다. 사회 환경이 이렇게 바뀌자 말을 잘하는 능력은 입신양명을 위한 주요 수단이 되었다. 민주주의 체제에서 수사학이 발전했다는 사실은 널리 알려진 이야기다. 민주주의와 수사학은 찰떡궁합이다. 수사학의 발생사에 자주 등장하는 이야기 중 하나를 더 살펴보기로 하자.

기원전 5세기말 시라쿠사의 독재정이 무너지며 시민들의 토지소유 분쟁이 일어났다. 참주에게 빼앗겼던 땅을 놓고 서로 자기 땅이라고 우겨대는 바람에 토지소유권에 대한 분쟁이 폭주했다. 왜 이런 일이 발생했을까? 참주가 갑의 땅을 빼앗아 을에게 주고 또 을에게서 이 땅을 빼앗아 병에게 주었다. 참주가 죽자 갑, 을, 병이 서로 자기 땅이라고 우겨 소송이 붙었다. 이들 중 누가 토지의 소유권을 차지했을까? 말 잘하는 사람이 이기는 것은 당연지사였다. 그리하여 사람들은 말 잘하기에 대해 관심을 갖게 되었고 소송에서 이긴 사람이 누구에게 배웠는지 알고 싶어했을 것이다. 알아보았더니 소피스트들이 말을 가르쳤다고 한다. 소피스트들의 활동 공간이 펼쳐졌던 것이다.

소피스트들은 한곳에 있지 않고 이동하면서 다녔다. 그들은 아테네로 몰려들었다. 왜 그들이 아테네로 몰려들었을까? 당시 아테네는 페르시아를 이겼다. 시민들의 자존감은 하늘을 찔렀다. 옛날에는 영웅들의 활약으로 전쟁에서 이겼는데 이제는 자신들이 영웅들보다 더 세다고 생각하게 되었다. 아울러 그 힘의 원천이 민주주의에 있다고 여기며 민주주의 아이디어를 다른 사람들에게 가르쳐주겠다고 나섰다. 심지어 다른 나라 사람들과 동맹을 맺어 보호해주겠다며 그들로부터 돈을 거둬들였다. 혹시 모를 전쟁에 대비해 배를 만들어야 한다는 논리를 내세우면서 말이다. 당시 아테네는 내부적으로는 민주주의이지만 동맹국에게는 제국주의적 행태를 보였다. 요구한 돈을 보내지 않으면 쳐들어갔고 다른 나라가 침략을 받으면 도와주기로 했다. 이런 이유로 아테네에 돈이 몰렸고 그곳에 가면 큰돈을 벌 수 있었다. 그래서 소피스트가 아테네로 몰려들었던 것이다.

소피스트 가운데 프로타고라스, 고르기아스, 히피아스 등이 대표적인 인물이다. 그들의 교육 방법이 어땠는지 어떤 연설을 했는지 문헌이 없어 정확히 알 수 없고 다만 플라톤의 기록을 통해 접할 수 있다. 플라톤의 많은 저작물들은 소피스트들을 다루고 있다. 그런데 대부분 존경하는 스승인 소크라테스와 맞서는 인물로 그리고 있다. 플라톤이 그리고 있는 소피스트를 액면 그대로 받아들이기 꺼림칙한 이유다. 더 중립적인 시각에서 소피스트를 바라보아야 당시 수사학의 제 모습을 읽어낼 수 있을 것이다. 아쉬운 대로 플라톤이 전하는 대화편을 통해 소피스트의 모습을 추적해보기로 하자.

대화편 『프로타고라스』에서 프로타고라스는 자신에게 배우면 어제보다 오늘이 더 나을 것이고 개인적인 집안일뿐만 아니라 공적인 시민생활에서도 더 유능하게 행동하고 말할 수 있도록 해준다고 했다. 여기서 공적인 시민생활과 관련된 그리스어 politikê라는 말을 살펴보자. 말 그대로의 뜻은 '폴리스 생활을 잘하는 기술'이다. 영어 politic과 사뭇 다른 의미다. 자유시민으로 살아가며 법적으로 손해보지 않고 정책이 결정될 때, 내가 낸 의견이 반영되어 나의 정치적 이념을 밀고 나갈 수 있도록 해주는 기술인 셈이다. 정리해보면, 폴리티케politikê는 집안을 돌보고 나라를 다스리는 데 필요한 역량을 발휘할 수 있도록 해 훌륭한 시민으로 만들어주는 기술이다. 이쯤 되면 소피스트의 활동이 꽤 괜찮은 것 아닌가?

대화편 『고르기아스』를 보면 소피스트에 대한 플라톤의 반감을 읽을 수 있다. 플라톤은 수사학을 아첨이라고 부르면서 기술처럼 보이지만 기술이 아니라고 했다. 그리고 수사학을 감언甘言이고 나쁜 것이라고 말했다. 고르기아스는 수사학을 전면에 내세운다. 그는 수사학이라는 말을 통해 효력을 가지며 설득을 이끌어내는 기술로 묘사한다. 그는 '진실이라고 하는 것, 그러니까 있는 것, 그런 것은 없다'라고 생각했다. '설령 있다고 해도 인간은 알 수 없는 노릇이고 알 수 있다고 하더라도 그것을 다른 사람에게 제대로 전할 수 없다'라고 했다. 내 말을 들은 사람이 정말 내 말을 이해했는지 오해했는지 확인할 길이 없다는 것이다.

플라톤이 전하는 『고르기아스』에 의하면 사실자체에 대한 실제 지식이 없어도 사람을 설득할 수 있다고 한다. 그런데 그것은 어쩌면 거짓말의 기술일 수도 있다. 고르기아스는 말의 힘이 얼마나 센지를 보여준다. 의사와 의사처럼 보일 수 있게 말할 수 있는 사람을 대중 앞에 세워놓고 대중이 둘 중 누구를 선택하는지 볼 것 같으면 말의 위력을 통해 진짜 의사보다 의사처럼 보이는 사람이 선택된다고 고르기아스는 주장한다. 중요한 것은 진짜가 아니라 진짜처럼 보이는 것이라는 말이다. 그래서 말로 설득할 수 있는 능력을 갖게 되면 모든 사람을 노예로 부릴 수 있다고 장담한다. 플라톤의 대화편 『고르기아스』는 수사학rhêtorikê이라는 낱말이 처음 등장하는 문헌이다. 물론 그 낱말과 동일한 어원으로 이루어진 rhêtêr연설가라는 말은 호메로스의 『일리아스』에서 나타난다. 그러니까 수사학의 탄생 이야기는 기원전 8세기까지 거슬러 올라간다.

호메로스의 『일리아스』에 등장하는 영웅들은 싸움만 잘 할 뿐만 아니라 말하기 능력 또한 매우 뛰어나다. 호메로스는 남자들의 명예를 드높이는 곳이 싸움터만이 아니라 회의장도 있다고 분명히 언급하고 있다. 모둠의 위기가 발생했을 때 말로 문제를 해결하는 모습은 싸움터에서 용맹을 떨치는 영웅에 못지 않다. 비록 몸은 늙어 전장에서 큰 공을 세울 수는 없으나 지혜를 내고 납득이 가는 말로 좌중을 이끄는 네스토르의 모습이 인상적이다. 그의 입에선 "꿀처럼 달콤한" 말이 나온다고 한다. 그의 말에 설득력이 있다는 뜻이다. 그래서 그리스군 총사령관 아가멤논은 네스토르 같은 장수 10명만 있으면 트로이를 금세 함락시킬 수 있다고 믿었다.

호메로스보다 한 세대 후에 살았던 헤시오도스는 말 잘하는 능력을 신의 은총으로 파악했다. 그러니까 노력한다고 아무나 말을 잘하는 것이 아니라 신의 은총을 받아야만 한다는 뜻이다. 헤시오도스의 『신들의 계보』를 보면 뮤즈의 여신 칼리오페가 왕의 입에 달콤한 이슬을 부어주어 말을 잘하게 되었다고 한다. 아울러 분쟁이나 갈등을 말로 원만히 해결하는 사람을 영웅으로 묘사하고 있다. 그런데 이런 기술은 너무 놀랍고 탁월해 신이 선물하는 것으로 생각했던 것이다. 분쟁이 일어났을 때 칼을 들고 싸우는 대신 말로 해결한다는 게 얼마나 대단한 일인가? 호메로스도 그렇고 헤시오도스도 그렇고 고대 그리스에서는 학문적 논의가 시작되기 이미 오래 전부터 말 잘하는 것에 대해 깊은 관심을 가졌으며 말 잘하는 능력은 탁월한 전사의 능력 못지않게 대접받았던 것이다. 그런데 문제는 혀는 효율성은 있지만 위험하다는 사실이다.

02 | 수사학이란 무엇인가?

●●
수사학은 설득의 기술이다

수사학을 논할 때 설득이라는 말이 종종 함께 딸려 온다. 그런데 우리말의 설득은 수사학에서 언급되고 있는 설득을 모두 담아내지 못한다. 더 정확한 이해를 위해 이 말의 어원을 따져보기로 하자. 설득을 지칭하는 영어 persuasion은 라틴어 persuasio에서 왔다. 이 낱말은 그리스어 peitho에서 유래한다. peitho는 미의 여신 아프로디테의 안내자다. 그러니까 설득은 신이라는 이야기다. 그래서 고대사람들은 설득은 아무나 할 수 있는 것이 아니라 신의 은총을 받은 자만 할 수 있다고 생각했던 모양이다. '설득'이라는 단어가 일상어에서는 다소 부정적인 뉘앙스를 띠기도 하지만 학문적 언어에서는 가치중립적이고 순수 기술적으로 사용하려고 한다. 설득을 뜻하는 라틴어 persuasio에는 두 가지 의미가 들어 있다. 독일어로 옮기면 Überzeugung과 Überredung이다. 앞의 단어는 '확신, 납득'으로 옮길 수 있고 뒤의 단어는 '설복, 조종'에 가깝다. 그러니까 전자는 긍정적인 의미로, 후자는 부정적인 의미로 사용된다는 말이다. 이 두 단어의 의미를 그림으로 표현하면 다음과 같다.

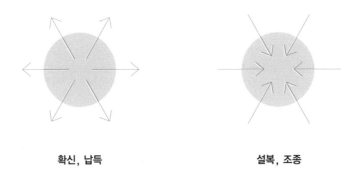

확신, 납득   설복, 조종

왼쪽 그림은 듣는 사람이 말하는 사람의 말을 듣고 납득이 되어 확신에 차 내면에서 우러나와 말하는 사람의 의견에 동의한다는 것을 나타내고 있다. 그에 반해 오른쪽 그림은 듣는 사람이 납득이 되지 않은 상황에서 외부적 강요에 의해 어쩔 수 없이 말하는 사람의 의견에 동의를 표하는 것을 나타낸다.

칸트도 수사학을 구분해 사용했다. 그는 납득적인 말은 통찰, 상상력, 참된 선을 바탕에 두고 있으며 그 언어적 표현이 다양하고 풍부하고 정확하다고 하였다. 그런 말은 듣는 사람이 스스로 생각하고 결정할 수 있는 자유를 허용한다고 하였다. 이에 반해 설복적인 말은 오직 듣는 사람의 약점을 이용해 말하는 사람의 이익만 강조하는 간계한 말이라고 했다. 그리고 자신을 변호하기 위해 얼버무리기 때문에 표현이 부정확하다고 했다. 이런 말은 말하는 사람의 목적을 위해 듣는 사람을 마치 기계처럼 움직여 사고의 자유와 판단의 자유를 빼앗는다. 그러니까 납득은 듣는 사람 스스로 판단해 자신 안에서 확신이 섰을 때 일어나는 것이지만 설복은 듣는 사람의 판단력이 힘을 못 쓰게 한다. 수사학이 잘못 사용될 수 있는 여지가 설득이라는 말 속에 이미 내포되어 있다는 사실을 알 수 있다. 일부 소피스트들이 설복적인 의미로 설득을 이해했던 것은 아닐까? 그러니 플라톤으로부터 집중포화를 받게 된 것이다. 하기야 그 때문에 수사학이 더 탄탄해졌으니 오히려 잘된 일인가?

수사학의 고전적 정의는 설득과 관련된다. 설득은 우리 주변에서 항상 일어나고 자주 목격된다. 어찌 보면 참 신비로운 현상이다. 이전에는 그렇게 생각하지 않았는데 말을 듣고보니 따라갈 수밖에 없는 일들이 종종 일어나지 않는가? 이런 현상에 대해 고대부터 많은 연구가 있어 왔다. 말이 힘을 갖게 된 경위를 고대 그리스 사람 고르기아스가 잘 포착해내고 있다. 고르기아스가 누군가? 앞의 수사학의 탄생에서도 살펴보았지만 말이라면 누구에게도 지지 않는 그야말로 대단한 변론가였다. 자신의 나라 레온티노이가 시라쿠사의 침입을 받아 풍전등화의 위기에 처했을 때, 아테네로 구원 연설을 떠난다. 그의 명연설을 듣고 아테네 시민들은 고르기아스의 나라를 돕기로 한다. 그때가 기원전 427년이다. 수사학의 역사에서는 이 해를 수사학의 원년으로 삼고 있다. 물론 그 이전에도 수사학이 있었던 것은 분명하다. 그의 스승 티시아스와 티시아스의 스승 코락스의 이야기가 지금까지 전해지고 있으니 말이다. 신화, 문학, 역사, 법정 연설문 속에도 수사학이 등장한다. 하지만 고르기아스를 내세우는 것은 그럴 만한 이유가 있었을 것이다. 새로운 땅 시칠리아에서 고르기아스를 통해 수사학을 새롭게 부각시키려고 했던 것은 아닐까? 그런 인물을 표적삼아 플라톤이 수사학 진영을 공격하는데 여기에는 다분히 의도가 깔려 있다고 하겠다. 바로 수사학 진영의 거두를 쓰러뜨려야만 자신이 구상하는 철학이 우위를 점할 수 있다고 생각했던 것은 아닐까? 수사학에 대해 혹독한 언사를 퍼부었던 플라톤이지만 고르기아스에 대해서는 깍듯한 자세를 취하는 것도 행간에서 엿볼 수 있다.

말이 왜 힘을 갖는가?

고르기아스의 「헬레네 찬가」를 보면 말이 힘을 갖게 된 연유가 잘 드러난다. 헬레네가 누구인가? 호메로스의 『일리아스』의 영웅들이 등장하게 된 구실을 제공한 인물이다. 스파르타의 왕비였던 그가 트로이의 왕자 파리스를 따라 트로이로 갔기 때문에 트로이 전쟁이 일어났다. 사람들은 비난한다. 어떻게 남편과 아이를 버리고 그것도 타의 모범을 보여야 할 왕비의 몸으로 그럴 수 있느냐는 것이다. 그런데 고르기아스는 이런 헬레네를 두둔하고 나선다.

해야 할 바를 올바로 말하는 사람이라면 헬레네를 비난하는 사람들을 반박해야 한다. 나는 따져 나가면서 헬레네가 나쁜 평판으로 비난받는 것을 멈추게 하고 비난하는 사람들이 잘못이라는 것을 밝힐 것이다. 그리고 진리를 보이고 비난하는 사람들의 무지를 멈추게 할 것이다.

고르기아스의 기세가 느껴진다. 누군가를 비난하려면 제대로 알고 하라는 그의 말이 들리는 듯하다. 무지에서 깨어나 진리로 나아가라고 일침을 놓고 있다. 도대체 고르기아스는 사람들의 비난을 어떻게 멈추겠다는 것인지 궁금해진다. 그의 논변을 살펴볼까? 헬레네가 트로이로 간 것은 불가항력이었다며 그 근거로 네 가지 이유를 댄다. 첫째, 신의 뜻 때문에 헬레네가 트로이로 갔다는 것이다. 신화 이야기가 생각난다. 『일리아스』 최고의 영웅 아킬레우스의 어머니인 바다의 신 테티스와 펠레우스의 결혼식이 올림푸스 신전에서 열리던 날, 초대받지 못한 불화의 여신 에리스가 남기고 간 황금 사과 하나가 사건의 발단이다. 사과에는 '세상에서 가장 아름다운 이에게'라는 글귀가 적혀 있었다. 내로라하는 여신들이 앞다퉈 자기 것이라고 우긴다. 제우스로서는 참 곤란했을 것

파리스의 심판(루벤스)

이다. 아내의 손을 들어주자니 딸이 걸리고 딸의 손을 들어주자니 아내의 원성이 두려웠을 것이다. 제우스는 꾀를 내어 이다 산의 목동지기였던 파리스에게 판정을 받으라고 했다.

파리스는 당시 세상에서 최고 미남이었다. 원래 트로이의 왕자였는데 버림받아 양치기가 되었다. 세 여신이 구름을 타고 이다 산으로 가 파리스를 설득한다. 설정이 우습지 않은가? 아무리 그래도 그렇지 어떻게 신의 미모를 인간이 심판한다는 말인가? 미모 경쟁은 여신들이라도 어쩔 수 없던 모양이다. 미스코리아 선발대회에 초등학생이 심사위원 자리에 앉아 있는 격이다. 헤라는 권력을 주겠다고 했고 아테네는 지혜를 주겠다고 했으며 아프로디테는 세상에서 가장 아름다운 여인을 주겠다고 했다. 예나 지금이나 남자에게는 예쁜 여자가 최고였나 보다. 파리스는 사과를 아프로디테에게 주었고 헬레네는 파리스에게 가기로 예정되어 있다는 것이다. 그럴 듯한 이야기 아닌가? 이 신화에 얽힌 이야기를 여러 화가들이 그려낸다. 루벤스의 〈파리스의 심판〉은 유명하다. 고르기아스는 신의 뜻은 인간이 저항할 수 없는 것이므로 헬레네를 비난하면 안 된다는 논리를 폈던 것이다.

두 번째 이유를 들어볼까? 헬레네가 강제로 트로이로 갔다는 것이다. 강제라는 말 속에는 '어쩔 수 없음'이라는 의미가 들어 있다. 강제당하는 사람은 그야말로 속수무책이다. 따라서 강제한 사람을 나무라야지 속수무책으로 강제당하는 사람을 나무라면 안 된다는 논리다. 폭력을 휘두르는 것도 강제라고 할 수 있다. 영화 〈트로이〉를 보면 헬레네의 남편 스파르타의 왕 메넬라오스의 모습을 마치 폭력을 행사할 것만 같은 험악한 모습으로, 파리스는 꽃미남으로 그리고 있다. 감독은 은연중 남편의 폭력을 암시하고 있는 것은 아닐까? 폭력을 행사한 남편이 잘못이지 폭력을 피해 떠난 아내를 어떻게 욕할 수 있겠는가라는 생각이 들게 한다.

헬레네를 비난하면 안 되는 세 번째 이유로 고르기아스는 말에 의한 설득의 힘을 들고 있다. 이 대목이 그의 논변의 핵심이다. 가장 긴 부분을 차지하고 있다. 그는 시인, 마법사, 자연학자, 법정 연설자, 철학자를 예로 들어 말이 힘을 갖고 있다고 주장한다. 그야말로 당시 사회에서 말로 밥 먹고 사는 모든 부류의 사람들을 모아놓았다. 하나씩 살펴볼까? 시인의 말은 청중을 즐겁게

당신은 어떤 말을 하고 있나요?

하기도 하고 슬프게도 하기 때문에, 마법사의 말은 사람의 불안을 종식시키기 때문에, 자연학자들의 말은 자연 법칙에 대한 무지에서 벗어나게 해주기 때문에, 법정 연설자의 말은 사람들에게 공정함이 무엇인지 알게 해주기 때문에, 철학자들의 말은 사물의 이치를 깨닫게 해주기 때문이란다. 여기서 주목할 것은 말을 통해 듣는 사람의 생각을 바꿀 수 있다는 것이다. 이게 바로 설득이다. 말로 상대의 생각을 바꾸는 것이 어디 그리 만만한 일인가? 오죽하면 설득이 신의 반열에 올랐겠는가? 누구나 설득하기 위해서는 페이토peitho여신의 은총을 입어야 한다는 것이다.

고르기아스는 말이 힘을 갖고 사람을 설득할 수 있는 것은 인간 존재의 한계 때문이라고 말한다. 인간의 생각이나 판단이 완벽하다면 말이 파고들 공간이 생기지 않는다. 우리는 더불어 살아갈 수밖에 없는 존재이고 살면서 수많은 일을 겪게 된다. 때로는 과거를 회상하고 현재를 결정하고 미래를 예측해야 한다. 그런데 이런 일이 어디 쉬운 일인가? 지나간 일의 시시비비를 가려야 할 때는 기억력이 동원되어야 하고 현재의 일을 판단할 때는 통찰력이 있어야 한다. 그리고 다가올 일을 결정할 때는 예지력이 있어야 한다. 그런데 이런 일에 인간은 신통치 못하다. 그래서 생각에 의지하고 의견에 기대어 살아갈 수밖에 없다. 말이 힘을 발휘하게 되는 순간이다. 인간은 그 타고난 능력이 부족하기 때문에 불확실한 의견에 기대어 이러저러하게 삶을 꾸려갈 수밖에 없는 존재다. 그러니까 기억, 통찰, 예견의 틈새에 의견이 파고들어 인간을 부추

기게 되는 것이다. 달리 말하면 진리라는 공간에 그럴 듯한 이야기가 파고드는 셈이다.

진리가 가장 믿을 만한 것인데 일상을 살아가는 사람들은 잘 알지 못한다. 진리라는 것이 복잡한 맥락 조건을 필요로 하는 것이기에 좀 더 그럴 듯한 이야기에 귀기울이게 되는 것이다. 그렇다고 설득의 공간에서 진리가 배제된다는 말은 아니다. 신뢰를 얻는 데는 당연히 진리가 최고다. 문제는 이 진리라는 것도 모두의 합의를 거쳐 그 힘을 얻게 된다는 점이다. 어쩔 수 없이 인간은 말이 제공하는 설득력에 몸을 내맡겨야 하는 상황을 맞게 된다. 그리하여 고르기아스는 헬레네가 말의 힘에 설득되어 트로이로 가게 된 것이 불가항력이었다며 비난을 멈추어야 한다고 주장하는 것이다. 헬레네가 비난받아서는 안 된다며 제시한 고르기아스의 네 번째 논거는 사랑이었다. 누구나 사랑에 빠지면 맹목이 된다. 사랑에 빠진 것도 불가항력적이라는 말이다. 그리고 사랑을 주관하는 에로스는 신이 아닌가? 사랑을 모독하는 것은 신을 모독하는 것이 되는 셈이다. 고르기아스는 말의 힘이 지닌 이런 설득력이 신적인 것이요, 불가항력이라는 점을 강변하고 있다.

수사학은 설득의 유용한 수단을 탐구하는 기술이다

설득을 중심으로 논의되는 수사학의 정의에서 최고 고전은 아리스토텔레스일 것이다. 그는 수사학의 기능을 '설득하는 것이 아니라 각각의 경우, 설득의 유용한 수단을 아는 것'이라고 했다. 유용한 설득 수단을 알리려고 방대한 저술을 남겼다. 플라톤의 아카데미아에서 수사학을 강의했던 아리스토텔레스는 강의를 위한 원고에서 수사학 이론을 발전시켜 우리에게 『수사학』이라는 책자를 전하게 된다. 이 책은 완성된 교과서가 아닌데도 불구하고 현재까지 수사학의 고전으로 굳건한 자리를 지키고 있다. 이전에 나온 수사학 문헌들이 기교적인 연설 생산에 치우친 반면, 이 책은 상식에 입각한 추론을 강조하며 수사학을 이론적으로 체계화하고 있다.

아리스토텔레스는 "수사학은 변증론과 짝을 이룬다."라고 했다. 그에 따르면 수사학은 '필연적 진리'가 아니라 '그럴 법한 이야기'와 관련된다. 이 둘의 차이는 검증과 제시 방식에 있다. 변증론의 검증과 제시는 모든 사람에게 똑같지만 수사학의 증거 제시와 설득은 청중에 따라 달라질 수 있다. 변증론은 시간과 장소를 초월한 법칙이기에 특정한 수신자를 겨냥할 필요가 없지만 수사학은 청중에 따라 전달 내용과 전달 방식이 달라져야 한다는 점에서 청중에 대한 이해와 감정이입이 중요해진다. 따라서 수사학은 진리든 신념이든 화자가 합리적 추론을 통해 다른 사람을 설득하고 동의를 구하는 일련의 방식이라고 할 수 있다. 아리스토텔레스는 대상에 신뢰를 불러 일으키는 요소를 인식하는 능력으로 수사학을 이해했다. 그러니까 수사학은 특정 분야에 국한하지 않고 설득을 이끌어내는 일체의 언어 행위와 관련 있다는 말이다. 그래서 수사학에서 중요한 것이 바로 매사에 설득 수단을 발견하는 일이라고 강조했던 것이다.

수사학의 기능은 설득하는 것이 아니라 각각의 경우에 설득의 유용한 수단을 아는 것이라고 해두자. 연설을 통해 나타나는 설득 수단에는 세 가지가 있다. 설득 수단은 연사의 성품에 근거하든가, 청중으로 하여금 어떤 기분을 갖도록 만드는 데 근거하든가, 아니면 마지막으로 연설 자체에 근거한다.

여기서 잘 알려진 아리스토텔레스의 설득의 3요소, 에토스ethos, 파토스pathos, 로고스logos가 등장한다. 에토스는 화자의 인품, 즉 인격적 감화로 상대를 설득하는 것을 말한다. 우리는 덕망 있는 사람이 말할 때 더 잘, 더 빨리 믿는다. 학생이 선생님을 믿고 신도가 성직자의 말을 믿는 것은 상대방의 인격이 훌륭하다고 생각하기 때문이다. 파토스는 청자의 감성에 호소해 설득하는 것을 말한다. 기쁘거나 슬플 때, 사랑할 때와 미울 때의 판단이 같지 않기 때문에 듣는 사람의 기분도 설득 수단이 된다. 화자가 신뢰감이 있거나 논리적인 설명을 하더라도 파토스가 일어나지 않으면 실패할 수 있다. 감정적 충동을 일으키기 위해 동정심, 증오심을 조장하는 경우도 있다. 파토스는 말하는 사람이 듣는 사람에게 효과적인 영향을 미치기 위해 이해해야 하는 감정이다. 로고스는 청자의 이성에 맞추어 논리적으로 설명해 설득하는 것을 말한다. 참이거나 참처럼 보이는 것을 제시할 때 믿음이 가기 때문에 말 자체가 설득 수단이 된다. 로고스는 말, 논리, 이성 등의 의미로 옮길

수 있다. 설득의 이 3요소를 아는 것은 연사가 지녀야 할 임무가
된다.

연사의 임무		
이성적 차원	감성적 차원	
통찰력의 발휘	청중을 완화 · 진정시킴	청중을 자극 · 고무함
로고스	에토스	파토스
논리성의 견지	윤리성에 호소	감정에 호소

아리스토텔레스는 연설의 종류, 입증의 방식을 포함한 다양한
논의들을 이끌어들이며 수사학의 인식론적 체계를 완성시켜나간
다. 그는 연설에 있어 특별히 논거 발견술inventio을 강조했으며 발
견한 논거를 적절히 배치하는 것에도 주의를 기울였다. 그리고 논
거를 어떻게 언어적으로 가공해나갈 것인지에 대해 많은 지침을
제시하였다. 아리스토텔레스의 수사학은 뒤의 소통의 원리 부분
에서 다시 설명될 것이다.

한편, 플라톤은 수사학이 연설뿐만 아니라 대화에서도 통용된다
고 하며 수사학의 논의를 확장시켰다. 고대 로마의 수사학자 퀸틸
리아누스도 연설의 설득 기술로서 수사학의 외연을 말하기 일반
에 대한 학문으로 더 확장시켜 나간다. 그는 수사학을 '잘 말하는
기술ars bene dicendi'로 정의했다. 우리는 살면서 항상 수사적 상황을
맞는다. 누군가에게 자신의 의견을 전하기도 하고 그의 말을 잘

듣기도 해야 하니까 말이다. 하기야 말을 떠나 살 수 없는 인간이고 보니 당연지사이겠으나 말이라고 다 말이 아니라는 사실은 누구나 잘 알고 있는 말이다. 그래서 잘 말해야 한다는 것이고 이 잘 말하는 기술을 갖도록 해주는 것이 바로 수사학이다.

수사학은 인간 교육의 기초다

인간의 종적 특성 중 빼놓을 수 없는 게 교육일 것이다. 물론 다른 동물에서도 교육의 모습이 보이기는 한다. 예를 들어, 어미사자가 새끼사자에게 사냥 기술을 전수하는 것을 비롯해 몇몇 고등동물에서 교육의 흔적을 발견할 수 있다. 그러나 이런 것을 본격적인 의미의 교육이라고 할 수는 없다. 동서고금을 막론하고 인간을 논할 때 교육은 항상 함께 있었다고 할 수 있다. 그렇다면 고대의 인간은 무엇을 교육했는지 궁금해진다. 호메로스의 『일리아스』 9권을 보면 아킬레우스를 설득하러 간 포이닉스가 자신과 펠레우스의 관계를 언급하면서 눈물을 흘리며 말하는 대목이 나온다. 펠레우스는 아킬레우스의 아버지이고 포이닉스는 아킬레우스의 스승이다.

그때 그대[아킬레우스]는 어린아이에 불과했고 만인에게 공통된 전쟁이나 남자들이 자신을 돋보이게 하는 회의에 대해서는

아직 알지 못했소. 그래서 그 분[펠레우스]께서 나를 보내 그
대에게 이 모든 것을 가르치게 하였소. 그대가 말도 잘하고 일
도 잘 처리하는 인물이 되도록 말이오.

고대부터 인간은 교육받지 않으면 인간으로 행세할 수 없었던
모양이다. 인간은 두 가지 교육을 받아야 한다고 서구 최고의 서
사시는 적고 있다. 말 잘하기와 일 잘 처리하기. 그러니까 말과 실
천이야말로 영웅으로 살아가기 위한 필수 덕목이었나 보다. 위의
번역에서 말 잘하기를 지칭하는 그리스어는 muthôn te rhêtêr인
데 '이야기할 때는 연설가가 되고'라는 뜻이다. 수사학을 지칭하는
그리스어 rhêtorikê의 어원이 처음 등장하는 대목이다. 수사학의
역사는 여기까지도 거슬러 올라갈 수 있을 것 같다. 하기야 수사학
이라는 학문은 없었는지 몰라도 이전의 인간 역사에서 말이 없었
을리 있겠는가? 사람이 있는 자리에는 말이 있고 말이 있는 곳에
는 늘 소통이 문제가 되고 소통이 필요한 곳에는 늘 수사학이 있
었다. 우리가 주목하는 것은 바로 모둠에 문제가 생겨 회의를 해야
하는 상황에서 말을 잘할 수 있는 영웅 교육의 한 축이다. 이것이
바로 수사학 교육이었다. 사실 일을 잘 처리하는 능력도 수사적 능
력이라고 할 수 있다. 뒤에서 보겠지만 수사학은 생각과 말과 행동
을 조화롭게 가져가는 지혜를 다루는 학문이기 때문이다.
　앞에서 우리는 수사학의 탄생 이야기에서 소피스트와 플라톤의

입장 차이를 확인했다. 양자 사이의 차이는 향후 전개되는 철학사는 물론 지성사 양대 산맥을 형성하게 된다. 그 논의를 추적해보기로 하자. 진짜와 진짜처럼 보이는 것 사이에 논쟁이 점화되었다. 존재론적으로 이야기하면 진짜는 본질이나 진리라고 하고 진짜처럼 보이는 것은 현상이라고 할 수 있다. 진짜처럼 보이는 것은 진짜와 다를 수도 있고 같을 수도 있다. 인식론적으로 살펴보면 진짜로 아는 것은 지식이고 진짜라고 장담할 수 없지만 '내가 보기에 그런 것 같아'라고 하는 것은 의견이다. 그리스말로 지식은 epistêmê에피스테메라고 하고 의견은 doxa독사라고 한다. 이 두 개의 용어는 그리스 철학을 비롯해 서구 지성사를 이해하는 데 중요한 개념이다. 내가 머릿속으로 아는 것, 진짜 아는 것, 그러니까 지식과 진리는 짝을 이룬다. 존재론적으로 진실인 것을 인식론적으로 아는 것이 중요하다고 플라톤은 강조하고 있다. 그의 철학에서 일관되게 강조하고 있는 것이 바로 절대적으로 변하지 않는 불변의 진리, 이데아 아닌가? 고르기아스는 소크라테스로 대변되는 플라톤의 생각에 동의하지 않는다. 진실로 변하지 않는 불변의 진리라는 것은 애초 존재하지 않는다는 것이다. 세상은 시시각각 변하기 때문에 그때그때 드러나는 것이 진짜인 것 같고 변하지 않는 것이 있다는 것은 헛소리 같다고 한다. 그래서 내가 한 말로 어떻게 해서든 사람들을 내 편으로 끌어들이는 것이 중요한 것이지, '진리냐 아니냐'를 아는 것은 쓸모없다고 한다. 급변하는 현실 속에서 드러나는 것에 대한 나의 의견이 중요하다는 것이다. 그래서

당신은 어떤 말을 하고 있나요?

그 현상이 나에게 어떻게 보이는가? 다른 사람에게 내 생각을 어떻게 전달하는가가 관건이 된다. 자, 여기서 플라톤으로부터 촉발된 철학사의 오랜 논쟁의 문제를 정리해보자.

	플라톤(본질주의)	소피스트(상대주의)
존재론	진짜, 진리	진짜처럼 보이는 것, 현상
인식론	지식(에피스테메 epistêmê)	의견(독사 doxa)

플라톤은 소피스트들이 진짜가 아니라 가짜를 갖고 진짜처럼 보이게 하는 것이라고 주장한다. 그러니까 존재론적으로 진짜가 아니라 가짜이고 인식론적으로 보면 거짓이므로 그것을 말하는 것은 모두 거짓말이 된다. 그런데 여기서 다른 입장을 생각해볼 수도 있다. 그대로 진짜가 나타날 수 있고 나타난 현상이 옳은 것, 즉 옳은 의견이 있을 수 있다는 말이다. 가짜 의견이 아닌 진짜 의견, 그러니까 진리 그대로 드러난 의견이 있을 수 있는데 이게 왜 불가능하냐고 플라톤에게 따질 수 있을 것이다. 이런 생각으로 읽으면 플라톤이 혹시 "고르기아스를 편향된 시각으로 보고 있지 않은가?"라는 의문이 든다. 사실 고르기아스도 "수사학을 올바로 사용하지 않는 사람은 몹쓸 사람이고 비난받아야 한다."라고 강변한다. 수사학을 제대로 이해하고 있는 사람은 정의를 실현하는 사람으로 간주될 수 있다는 말이다. 따라서 수사학 자체는 부정한 것이 아니라 그것을 나쁘게 사용하는 사람이 부정한 자가 되고, 제

대로 사용하기만 하면 수사학은 정의를 실현하는 귀한 도구가 될 수 있다고 해석할 수 있다. 문제는 수사학이 아니라 그것을 사용하는 사람이다. 사람이 문제가 되는 것이 어디 이 경우에만 해당되겠는가? 가령 칼을 보자. 잘 쓰면 식사 도구가 되고 아픈 환부를 도려내는 수술 칼이 된다. 그러나 잘못 쓰면 사람을 죽이는 흉기로 변할 수 있다.

앞에서 플라톤이 수사학에 대해 적대적인 생각을 가졌다고 했지만 그가 수사학의 존재를 인정하지 않은 것은 아니었다. 오히려 그는 말의 위력을 누구보다 잘 알고 있었기에 말을 더 신중히 사용하라고 말했다. 플라톤은 대화편 『파이드로스』에서는 수사학에 대한 자신의 입장을 조금 누그러뜨리며 수사학의 존재를 인정한다. 진짜 수사학이 되려면 의견은 안 되고 지식이 있어야 하고 진리를 알아야 한다고 주장한다. 진정한 수사학은 인간의 영혼을 인도하는 기술이 된다고 했다. 수사학이 영혼 인도술로 거듭나고 있는 셈이다. 문제는 영혼을 어디로 이끄는가이다. 당연히 진리 쪽으로 이끌어야 한다는 것이다. 여기서 소피스트들과 생각이 갈린다. 고르기아스는 영혼을 의견 쪽으로 그러니까 연설가의 생각 쪽으로 이끌어야 한다고 주장하고 플라톤은 영혼을 진리로 이끌어야 한다고 주장한다. 연설가의 생각으로 사람을 이끌려고 할 때, 나쁜 연설가라면 당연히 문제가 된다. 그래서 나쁜 연설가의 위험에 내맡겨질 수사학의 운명을 걱정하며 새로운 수사학의 나아갈 길을 제시하고 있는 인물이 바로 이소크라테스와 플라톤이다. 우선 플라톤이 어떤 발상에서 수사학이 영혼 인도술이라고 했는지 알아 보자.

플라톤은 연설가가 되려는 사람은 무엇보다 영혼의 본성과 사물의 속성을 꿰뚫고 있어야 한다고 강조한다. 그러니까 영혼의 형태에 어떤 것들이 있는지 반드시 알아야 하고 각 영혼들에게 접근하는 적합한 방법을 알아야 한다. 단순한 영혼에는 단순하게, 복잡한 영혼에는 복잡하게 다가가야 한다. 그리고 어떤 성향의 사람들이 어떤 연설에 설득되는지 파악하고 있어야 한다. 이런 능력을 갖춘 후, 말을 언제 하고 언제 침묵할지 꼭 필요한 때를 포착해 적절한 표현법을 구사할 수 있어야 한다. 그렇게 하기 전에 연설을 기술적으로 다룰 수 있는 능력을 갖춰보겠다는 심사는 언감생심이라는 것이다. 결국 플라톤은 철학을 바탕으로 수사학을 세우려고 했다. 즉 훌륭한 연설가가 되려는 사람은 먼저 철학을 알아야 하고 철학의 골격 위에서 연설의 여러 기술들을 시의적절히 구사해야 한다고 보았다.

플라톤도 그 존재를 의식하지 않을 수 없었던 당대의 유력한 교육자이자 수사가였던 이소크라테스는 수사학의 역사에서도 매우 중요한 인물이다. 이소크라테스는 그리스의 여러 폴리스를 하나의 정치적 통합체로 만드는 것을 꿈꾸었던 사람이다. 수사학을 가르치며 격동기의 그리스 시대를 온몸으로 살아냈다. 그는 소피스트 교육의 한계를 직시하고 효과적인 교육 방법을 모색해나갔다. 소피스트들은 교육을 받으면 누구나 탁월한 연설가가 될 수 있다고 하였다. 보다 못한 이소크라테스는 여기에 제동을 건다. 소피스트이면서 소피스트의 행태를 고발하는 글을 작성한다. 이것이 바로 그 유명한 「소피스테스 반박 연설」이다. 기원전 392년 아테네에 새로운 수사학 학교를 세우고 교장으로 취임하며 이 글을 세상에 알린다. 이 글은 소피스트의 잘못된 행태를 지적하고 올바른 교육으로 나아갈 방향을 제시한다. 한계를 넘어 모든 것을 할 수 있다고 떠들어대는 소피스트를 사기꾼이라고 비판하면서 연설가 교육에서 가장 중요한 것은 본성과 재능이라고 힘주어 말한다. 본성이 좋은 사람이 지식을 쌓고 이것을 잘 훈련하면 잘 말할 수 있다고 했다. 그러니까 본성이나 재능이 부족한 사람이라면 말을 잘하거나 글을 잘 쓸 수 없다고 했다. 그렇다면 "교육이 무슨 역할을 할 수 있는가?"라고 반문할 수 있을 것이다. 이소크라테스식 수사학 교육은 탁월한 연설가를 만드는 것이 아니라 교육받기 전보다 더 나은 사람으로 발전하도록 도와주는 것이었다.

이소크라테스는 아울러 수사학 교육의 기본적인 틀을 제공하고 있다. 우선 연설가는 연설 내용과 형식을 발견해야 하고 발견한 내용을 효과적으로 배치해야 한다고 말한다. 그리고 그 내용을 듣기 좋은 언어로 표현하고 논리적인 구조를 강조하였다.

생각이 분명한 영혼이라면 각별히 신경쓸 것들이 있습니다. 모든 사안에 대해 꼭 필요한 이상적인 형식을 미리 선택하고 그것들을 서로 섞어 요령껏 배열해야 합니다. 또한 시의성을 맞추는 데 추호의 실수도 없어야 합니다. 연설 전체를 상식적이고 논리적인 사리판단의 형식으로 적절히 장식한 후, 듣기 좋은 리듬과 음악적 표현으로 말해야 합니다.

나아가 이소크라테스는 교육의 내용은 물론 학생과 교사의 행동지침까지 세세히 제시하고 있다.

학생은 기본적으로 필요한 본성을 가져야 하며 연설의 종류를 배워야 하고 그것들을 적절히 활용하는 방법을 훈련을 통해 익혀야 합니다. 교사는 가르쳐야 할 내용 중 하나도 빠지지 않도록 그 내용을 정확하고 꼼꼼히 제시해야 합니다. 그래도 모자란 것이 있다면 자신을 그에 대한 모범적인 본보기로 보여줄 수 있어야 합니다.

그의 수사학 교육은 연설을 잘 하는 것을 가르치는 것이라기보다 올바른 성품을 갖추도록 도와주는 것이라고 요약할 수 있다. 진정한 설득이라는 것도 따지고 보면 그럴 듯한 말에서 나오는 것이 아니라 말을 통해 전해지는 생각을 통해 교감할 때 이루어지는데 그것은 궁극적으로는 그 생각을 올곧게 만들어주는 품성에서 나온다. 이소크라테스는 수사학 교육이 지향할 바는 정직한 성품과 정의로운 마음을 가질 수 있도록 도와주는 것이라고 강조한다. 그래서 성품에서 비롯되는 생각과 말을 잘 다듬을 수 있도록 가르쳐야 하는 것이다. 이소크라테스의 말하기 교육에서 강조하는 본성, 지식, 연습의 3가지 구성 요소는 오늘날에도 교육의 기본 원리에 그대로 적용된다고 하겠다.

수사학이 인간 교육의 원리가 될 수 있다는 사실을 플라톤과 이소크라테스를 중심으로 살펴보았다. 이소크라테스와 플라톤은 소피스트를 비판하는 입장이지만 본질적으로 두 사람의 입장차는 확연히 드러난다. 거짓 의견으로 판명되어도 자신들의 의견을 계속 끌고가는 데 급급한 소피스트들에게 비판의 칼날을 겨누는 데는 둘 다 같다. 차이점은 플라톤이 절대적으로 변하지 않는 이데아의 세계를 이야기하고 있다면 이소크라테스에게는 급변하는 현실 속에서 어떻게 시의적절한 의견을 내는가가 관건이 된다. 이소크라테스는 이런 능력을 기르는 교육을 위해 수사학 학교를 세웠고 자신이 하는 말하기 교육에 철학이라는 이름을 붙였다. 그렇다면 그가 말하는 철학은 도대체 무엇을 의미하고 있는 것일까?

잠시 여기서 철학이라는 말의 의미를 살펴보자. 철학을 지칭하는 그리스말은 philo사랑하다와 sophia지혜의 합성어다. 이 두 단어에서 문제가 되는 것이 sophia이다. 본질주의 철학 입장에서 보면 진짜 진리를 아는 것이 소피아다. 이소크라테스는 이런 본질주의 진영의 철학적 입장과 다른 입장을 취한다. 이런 진리를 아는 것은 쓸모 없고 급변하는 현실 속에서 시의적절한 의견을 만드는 것이 중요하다고 했다. 그의 입장을 따르면 진짜 소피아는 의견을 만드는 것이다. 개인적 의견보다 공공생활 속에서 훌륭한 의견을 만들어내는 것이 중요하다. 이때 내 의견이 반드시 안 받아들여져도 좋다. 내 의견이 틀릴 수도 있으므로 내 의견도 내고 네 의견도 내고 대중 앞에서 한 번 다루어보자는 것이다. 공공의 의견을 반영해 조절하고 그 바탕에서 최선의 의견을 만들어보겠다는 것이 그의 생각이다. 바로 이 대목이 그가 기존 소피스트의 입장과 확연히 다른 점이다. 자신의 의견을 무조건 관철시키려는 기존 강경 소피스트의 입장과 다르다. 오직 남을 설득하는 데만 혈안이 되는 것이 아니라 자신도 설득될 수 있다는 생각을 해야 한다는 것이다. 내 의견도 양보할 수 있는 여지가 그의 생각에 들어 있다. 공동체 속에서 한 시민이 어떤 상황에 처해 있고 어디로 가야 할지 의식하도록 해 시민의 정체성을 갖도록 하는 것이 이소크라테스의 염원이었던 것이다.

이쯤 되면 이소크라테스의 교육이 단순히 말의 교육으로 끝나지 않고 시민 교육을 염두에 두고 있다고 할 수 있다. 즉 말의 교육이라고 해서 논쟁 기술이 아니라 자신의 정체성을 찾고 더불어 살 수 있는 공동체 생활 능력까지 키울 수 있다고 보고 있는 것이다. 그래서 그의 교육이 철학이 되는 것이고 말 교육을 통해 품성 교육, 인성 교육으로 나아갈 수 있는 실마리를 엿볼 수 있다.

이소크라테스와 플라톤의 아이디어는 아리스토텔레스로 흡수

	이소크라테스	플라톤
철학적 입장	상황과 맥락 중시	원칙과 본질 중시
정치적 입장	소통 중시의 민주 정치 옹호	조화 중시의 철인 정치 옹호
교육 원리	경험과 훈련을 통한 실천적 지혜 획득	추론과 논리를 통한 보편적 진리 인식
인재상	공평무사와 유연성을 지닌 현명한 인간	보편적 진리를 인식하는 정의로운 인간

되고 이어 헬레니즘 시대를 거쳐 키케로와 퀸틸리아누스의 수사학으로 이어진다. 수사학이 교육의 원리로 작동하는 가운데 주목할 인물이 바로 퀸틸리아누스다. 키케로도 물론 교육의 원리로 수사학을 강조하는데 퀸틸리아누스와 다른 목표를 세워놓고 있다. 키케로가 지도자 양성을 수사학의 교육 목표로 삼았다면 퀸틸리아누스는 덕성을 갖춘 올바른 시민 교육이 목표였다. 키케로는 다음 절에서 다루기로 하고 여기서는 퀸틸리아누스에 대해 살펴보기로 한다.

국가가 인정한 최초의 수사학 교사인 퀸틸리아누스는 자신의 강의록을 수정하고 보완할 의도에서 『수사학 교육』을 저술한다. 이 책은 총 12권으로 수사학의 주요 이론뿐만 아니라 문법, 음악, 기하학에 대해서도 기본적인 사항들을 논하고 있다. 아울러 읽기의 중요성을 강조하고 읽기 교육에 대한 지침도 상세히 제시하고 있다. 그가 이 책을 통해 길러내려는 연설가의 모습은 다음과 같다.

진실로 지혜로운 사람으로 불릴 수 있는 자를 연설가라고 부르자. 인품이 완전할 뿐만 아니라 말하기에 대한 모든 지식과 기술을 겸비한 자를 말한다.

퀸틸리아누스는 당시 로마 부모들의 허영심과 교사들의 공명심이 합작해 아이들 교육을 망친다고 일갈한다. 당시 로마의 모습이 오늘날 우리의 모습과 하나도 다를 게 없다. 부모는 재능도 없는 아이에게 각종 교육을 주입시키고 교사는 학교 진학률을 높이기 위해 혈안이 되어 있지 않은가? 그래서 교육은 예나 지금이나 문제인가 보다. 퀸틸리아누스는 잘못 돌아가고 있는 교육과 교육 제도의 변화를 통해 정치적 상황의 변화는 물론 건전한 시민을 양성할 수 있다고 굳게 믿었다. 그의 수사학 교육은 이런 목적을 달성하기 위한 수단이었다. 그는 가정과 학교 교육을 연계하는 교육 프로그램을 구상하고 이를 실천했다. 학교에서 교사는 물론 가정에서 유모를 통해 아동의 언어 교육을 관장하도록 하였고 학교에서는 가장 뛰어난 수사학자가 아이를 지도한다. 어린 시절의 교육이 장차 아이가 성장해 발휘하게 될 모든 능력을 결정하기 때문에 각별한 주의를 기울였던 것이다. 고대 로마에서는 언어 교육을 크게 3단계로 나누어 진행했다. 기초적인 글쓰기와 읽기 교육은 초등교사가, 본격적인 글쓰기와 읽기 교육은 문법교사가, 연설문을 작성하고 전달하는 교육은 수사학 교사가 맡아 가르쳤다. 그 시기에도 차별을 두었다. 우리 식으로 보면 유치원 시절에는 기초 교사가, 초등학교 시절에는 문법 교사가, 중등학교 시절에는 수사학 교사가 담당했다.

퀸틸리아누스의 수사학 교육 프로그램의 특징은 오늘날 관점에서 보더라도 꽤 파격적이며 그야말로 열린 교육이라고 할 수 있다. 틀에 박힌 공부법을 거부하고 마치 놀이하듯이 공부하는 것이다. 학생 스스로 자신이 이룬 성공에 기쁨을 느끼도록 해주고 좋은 성적을 올리면 교사는 칭찬해주고 체벌을 엄단함으로써 학습동기를 유발해 올바른 교육으로 이끌었다. 이런 교육 철학에 매료되어 독일 고전주의 문학을 주도했던 실러는 자신의 아들을 이런 방식으로 키우기로 결심했다. 현대 수사학의 대표적인 연구자 중 한 명으로 인정받고 있는 위딩은 퀸틸리아누스를 이렇게 평한다.

만약 '유럽 최고의 교사'라는 타이틀이 어울릴 만한 사람이 있다면 퀸틸리아누스일 것이다. 그는 천재적인 이야기꾼이었을 뿐만 아니라 교육학에서 어김없이 맨 먼저 언급되는 사람으로 후대 사람들은 그가 세운 교육 원칙들을 사실 모방만 해 각 시대 조건에 맞추었을 뿐이다.

그의 수사학 교육의 내용은 언어 습득과 도덕 교육에서 시작해 중요한 거의 모든 인문 교양 과목은 물론 웅변 이론을 가르치고

이 이론을 실습하는 것으로 구성되어 있다. 퀸틸리아누스의 수사학 교육은 대부분 새로운 것이 아니지만 그의 교과서는 고대가 유산으로 남겨 놓은 전통적 교리와 이론들을 가장 포괄적으로 체계화시킨 것이라고 할 수 있다. 즉 퀸틸리아누스에게 수사학은 인간이 살아가면서 알아야 할 교양과 건전한 시민으로서 지녀야 할 윤리와 정치적 덕목이다.

수사학은 리더십의 원리다

리더십이 왜 수사학인가?

'리더의 말'은 항상 논란의 대상이다. 리더를 향한 공동체 구성원의 불만이 고조되는 원인을 '리더의 말'에서 찾는 경우를 종종 볼 수 있다. 이제 이른바 '소통'에 기반을 둔 '리더십'이 조명받고 있다. 이런 분위기 속에서 '소통'에 대한 논의의 필요성이 제기되고 있으며 그동안 인문학의 영역에서만 논의되었던 수사학을 리더십 영역과 결부시켜 탐구해야 할 필요성이 대두되고 있다. 왜냐하면 수사학은 소통을 연구해온 권위 있는 정통 학문이기 때문이다.

그동안 수사적 능력에 기반을 둔 리더의 지도력은 이것이 구성원과의 관계에 인위적이고 기만적인 성질을 부여하는 잘못된 리더십으로 오도되어 왔다. 이런 이유에서 우리 사회에서는 리더의 어눌함이 미덕으로 치부되거나 리더의 수사적 무능력이 행동의 단호함으로 미화되는 아이러니한 상황이 벌어진 경우도 있었다. 반대로 수사학에 능숙한 대중친화적 지도자들에게는 '대중영합적 populistic'이라는 부정적 수식이 가해지기도 했다. 그러나 수사학에 대한 오랜 편견에도 불구하고 오늘날 복잡하고 다원화된 시민사회에서는 말을 통해 타인과 소통하는 능력, 즉 수사적 능력이 바람직한 리더십의 필수불가결한 요소로 새롭게 주목받고 있다.

오늘날 언론을 비롯한 공공담론에서 리더, 특히 정치가의 '수사'는 부정적인 의미로 자주 등장한다. '정치가의 수사'는 대부분 확실한 개념 규정 없이 정치가들의 내용 없고 화려하기만 한 언술을 일컫는 유행어로 또는 권모술수 등 정치가들의 부정적인 행태를 지칭하는 용어로 사용되고 있다. 이같은 부정적인 언어 사용은 몰이해와 부당한 평가에서 벗어나 통합적인 학문체계로서 부활을 시도하고 있는 수사학 자체를 심하게 왜곡시키고 있다. 그렇다면 과연 진정한 의미에서 "소통의 리더십이란 무엇인가?" 곰곰이 따져보아야 할 것이다. 리더십의 핵심은 구성원 간의 소통에 기반을 두고 있고 소통은 수사학에서 그 원리를 찾을 수 있으니 소통의 리더십은 곧 수사적 리더십의 다른 표현이다. 고전 수사학을 기반으로 역사적으로 주목받는 리더의 수사적 행위를 분석하고 수사적 리더십을 정립할 때 궁극적으로 우리 사회가 필요로 하는 덕망과 품성을 올곧게 갖추고 소통 능력을 두루 갖춘 성숙한 지도자상을 제시할 수 있을 것이다.

수사학이 리더십과 어떻게 연결될 수 있는지 따져보자. 인간의 삶에는 긴박하고 절실한 문제들이 있으며 이런 문제들은 논리적 증명에 의해 참, 거짓이 명확히 밝혀지는 것이 아니다. 진리라고 하더라도 모두 진리로 이해하고 수용할 수 있는 것도 아니다. 수사학은 진리이든 신념이든 화자가 '합리적' 추론을 통해 다른 사람을 설득하고 동의를 구하는 방식을 모두 포용한다. 리더십 역시 궁극적인 진리를 추구하는 것이 아니라 개연적인 것을 결정하고 실천하는 영역이다. 리더십은 구성원의 다양한 의견을 수렴해야 하는 과제와 아울러 결국 정치적 결정을 통해 실천을 해야만 하는 영역에 속한다. 리더십은 진리에 대한 '영원한' 추구가 아니라 '적절한' 시기에 '적절한' 결정을 내리는 일이다. 리더의 수사는 이 개연성만 가진 잠정적인 결정을 필연적인 결단으로 만드는 역할을 하기도 한다. 리더의 소통 능력에 대한 문제는 이런 맥락에서 이해되어야 할 것이다. 따라서 리더십과 수사학은 불가분의 관계라는 사실을 자연스럽게 이끌어낼 수 있다. 그런데 여기서 한 가지 의문이 생긴다. '말'과 '리더십'의 관계가 그토록 밀접한데 혹시 "말 잘하는 사람은 모두 리더인가?"라는 질문 말이다.

말을 잘하면 모두 리더인가?

버락 오바마가 등장했을 때, 사람들은 열광했다. 흑인이 미국 대통령이다. 50년만 거슬러 올라가도 턱도 없는 소리다. 당시 미국 백인들은 흑인을 심하게 차별했다. 백인이 버스에 타면 앉아 있던 흑인은 자리를 양보해야 했고 연방법이 있는데도 주법을 앞세워

흑인에게 투표권도 주지 않았다. 게다가 여행하다가 지쳐 호텔에 들어가면 방에 들어갈 수 없다고 돌려세웠다. 이때 흑인들의 심경이 어땠을까? 그야말로 분노로 가득 찼을 것이다. 탈출구가 없는 흑인들을 위로해줄 지도자가 필요했다. 마틴 루터 킹 목사가 역사에 등장하는 순간이다. 분노하는 시민들 앞에 서서 그는 드디어 입을 뗀다.

나는 오늘 나의 벗인 여러분께 이 순간의 고난과 좌절에도 불구하고 나는 여전히 꿈이 있다는 사실을 말씀드립니다. 그 꿈은 미국의 건국이념에 깊은 뿌리를 둔 꿈입니다. 나는 꿈이 있습니다. 언젠가 이 나라가 떨쳐 일어나 진정한 의미의 국가 이념을 실천하는 꿈, 즉 모든 인간은 평등하게 태어났다는 진리를 우리 모두 자명한 진실로 받아들이는 날이 오는 꿈입니다. 나는 꿈이 있습니다. 조지아의 붉은 언덕 위에서 과거 노예로 살던 부모의 후손들과 그 노예의 주인이 낳은 후손들이 식탁에 함께 둘러앉아 형제애를 나누는 날이 언젠가 오는 꿈입니다. 나는 꿈이 있습니다. 삭막한 사막으로 뒤덮여 불의와 억압의 열기에 신음하던 미시시피 주조차 자유와 정의가 실현되는 오아시스로 탈바꿈되는 꿈입니다. 나는 꿈이 있습니다. 나의 네 명의 자식이 피부색이 아닌 인격에 따라 평가받는 나라에서 살게 되는 날이 언젠가 오는 꿈입니다. 지금 나는 꿈이 있습

당신은 어떤 말을 하고 있나요?

니다! 나는 꿈이 있습니다. 주지사가 연방정부 정책 개입과 연방법 실시를 거부한다는 말만 늘어놓는 앨라배마 주에서도, 흑인 소년 소녀들이 백인 소년 소녀들과 서로 손잡고 형제자매처럼 함께 걸어 다니는 상황으로 언젠가 탈바꿈되는 꿈입니다.

아무리 들어도 분노하는 사람의 메시지 같지 않다. 평화와 화해와 일치를 요구하고 있지 않은가? 자신과 생각이 다른 사람들을 포용하고 있다. 이 대목 바로 앞에 그런 내용의 연설이 나온다. 그들을 배려하며 성난 흑인들을 달래고 있다.

이번에는 킹 목사가 연설했던 때보다 40년 정도 거슬러 올라가 보자. 무대를 바다 건너 유럽으로 옮겨볼까? 바로 제1차세계대전에서 패전의 멍에를 짊어진 독일로 말이다. 그야말로 파국에 허덕이던 독일인들 앞에 마치 구세주처럼 히틀러가 등장한다. 그는 어느 집회에서든 청중들이 듣고 싶어하는 말만 했다. 그가 대중을 선동하기 위해 동원한 표현들을 모아 놓으면 누구라도 그 말 속에서 자신이 원하는 것을 쉽게 찾아낼 수 있을 정도였다.

수많은 연금생활자, 중산층, 학식 있는 사람들, 전쟁미망인들은 갖고 있던 마지막 금붙이를 휴지조각을 위해 팔았습니다. 지금 그 휴지조각으로는 그 1/100도 다시 살 수 없습니다. 민족 전체의 마지막 국민 재산은 그렇게 유대인의 손으로 넘어 갔습니다. 유대인은 그렇게 모든 것을 쉽게 깡그리 강탈해갑니다. 유대인은 수백만 명이 평생 절약하며 차곡차곡 쌓아두었던 생활 기반을 사기쳐 깡그리 빼앗아버렸습니다.

히틀러는 자신이 고발하면서 만들어낸 사회적 혼돈 상태를 이용해 대중의 감정을 부추겼으며 대중의 마음 속에 들어 있는 공포와 증오감을 하나로 통합해 정치적 동력으로 바꿔나갔다. 그 결과 어떻게 되었나? 인류 최악의 전쟁을 일으켜 독일은 물론 전 세계를 그야말로 고통과 불행의 나락으로 빠뜨렸다. 이 상처는 아직까지도 아물지 않아 그 슬픈 서사가 문학, 음악, 미술, 영화, 다양한 버전으로 재현되고 있다.

말을 잘한다고 모두 리더는 아니다. 공동체 구성원들에게 치명상을 안기는 리더는 우리 주변에서도 흔히 볼 수 있다. 그런 리더들은 대개 말을 잘한다. 그렇다면 우리는 이것을 어떻게 판단할 수 있을까? 신이 인간에게 언어 능력을 부여했지만 유감스럽게도 언어를 오용하는 사람을 구별해내는 능력은 주지 않은 것 같다. 그렇다고 가만히 앉아 당할 수만은 없는 노릇이다. 구별해내야만 한다. "저 사람이 진정 우리의 리더일까?"라는 회의가 밀려올 때 두 가지만 떠올려보자. 우선 그 사람의 입에서 나온 말이 누구를 위한 말인지 따져보자. 듣는 사람을 위한 말이라면 지도자일 확률이 높다. 자신을 위한 말이면 대개 선동가다. 그리고 그가 하는 말을 들으면서 느껴지는 마음 상태를 잘 관찰해보라. 물론 사안에 따라 불편한 감정이 나올 수도 있으나 분별력 있는 우리는 상식선에서 확인할 수 있다. 마음이 편안해지면 지도자일 확률이 높다. 복수나 증오 따위의 불편한 감정을 불러일으키면 선동가일 확률이 매우 높아진다. 앞에서 예로 든 두 연사를 비교하면 진정한 리더의 모습을 조명할 수 있을 것 같다.

마틴 루터 킹	히틀러
지도자	선동가
포용의 리더	치명적 리더
평화, 상생, 배려	복수, 투쟁, 분열
소통	소탕

이상적인 연사는 무엇을 갖추어야 하는가?

리더는 도대체 어떤 덕목을 갖추어야 할까? 3가지 덕목을 떠올려본다. 우선 마음이 따뜻해야 할 것이다. 앞서 이소크라테스의 공평무사를 떠올려볼 수 있다. 그리고 지혜로워야 한다. 플라톤과 이소크라테스의 철학을 떠올릴 수 있다. 나아가 누구와 만나도 이야기를 나눌 수 있어야 한다. 소통 능력을 지녀야 한다는 말이다. 그런데 이 소통은 일방적이어서는 안 되고 서로 어울려 조화를 이루는 것이 중요하다. 키케로가 그렇게 강조했던 연설가의 조절 능력이 떠오른다. 로마 공화정 말기에 살았던 키케로를 중심으로 이상적인 연사가 어떤 덕목을 지녀야 하는지 살펴보자.

키케로는 그리스의 주요 사상가들의 말하기 담론에 들어 있는 문제들을 포착하고 문제의 원인을 말하기 기술에 둔 당시의 논의 축을 말하는 사람에게 옮기며 이상적 연설가론을 주창하고 나선다. 말이 연설가론이지 따지고 보면 리더십학이라고 할 수 있다. 즉 이상적인 리더상을 제시하고 있는 셈이다. 실제로 연설가를 지칭하는 라틴어 orator 속에는 정치가, 리더라는 뜻이 들어 있다. 키케로는 이상적인 연사가 갖추어야 할 3가지 구성 조건을 제시한다. 연사는 모든 영역을 꿰뚫어보는 지적 능력이 있어야 한다. 이것이 키케로가 제시하는 첫 번째 덕목이다. 그러니까 편협한 특정 분파의 전문지식만 있어서는 안 된다는 말이다. 그리고 연사는 공동체에 대해 의무감을 지니고 있어야 한다. 이상적인 연사가 지니고 있어야 할 두 번째 덕목이다. 키케로는 살아가면서 공동의 일에 참여하는 것을 인간의 중요한 의무라고 생각했다. 그런데 공동체 일은 구성원 사이의 의사소통을 매개로 이루어지기 때문에 연설 능력이 중요해진다. 더 나아가 연사는 주어진 상황과 주제를 파악하고 때에 따라 연설을 효과적으로 조절할 수 있는 능력을 갖고 있어야 한다. 때로는 강하게, 때로는 부드럽게 완급을 조절하면서 이야기를 전개해 나갈 수 있어야 한다는 말이다.

키케로는 연설가가 모든 중요한 사안과 보편적인 지식을 확보하고 있지 않다면 존경받을 수 없다고 했다. 연설을 잘 하려면 사안을 꿰뚫고 있어야 하기 때문이다. 연설가가 주어진 사안에 대한 지식을 장악하기는커녕 파악도 못한다면 그가 하는 말은 빈 수레에 불과하다. 연설가는 어떤 주제가 주어지더라도 그 모든 것을 알고 내용을 충실히 채우고 표현을 아름답게 다듬는 것은 당연한 일이다. 키케로는 탁월한 연설가의 수가 왜 그리 미미한지 놀라운 것은 당연하다면서 그 이유를 제대로 포착하고 있다. 즉 말하기는 보통사람들이 생각하는 것보다 더 큰 범위의 것들과 관련되어 있고 많은 종류의 학문과 깊고 넓은 탐구 결과가 결집되어야만 제대로 할 수 있는 것이라고 강조하면서 말하기 일반에 대한 원리를 상세히 설명하고 있다. 그의 말을 직접 들어보자.

말하기는 가장 넓은 분야를 포괄하는 지식이 있어야 하네. 지식 없이 나오는 말은 텅 빈 수레이며 조롱받기 십상이네. 그리고 연설도 단어를 선택하고 조합해 만들어지네. 여기에 더해 인간의 온갖 감정에 대해서도 철저히 꿰뚫고 있어야 한다네. 말이란 그것이 어떤 것이 되었든 결국 청중의 마음 속에서 작용하기 때문이네. 마찬가지로 재치, 유머, 자유시민에 어울리는 교양과 명민함이 답을 주거나 공격에서 세련된 품위와 교양에 기초한 간결함이 추가되어야 한다네. 게다가 역사적 사실들과 선례들이 주는 힘을 간직하고 있어야만 한다네. 실정법과 시민법에 대한 지식도 무시할 수 없네.

키케로는 연설가가 지녀야 할 덕목에 대해 세밀히 검토하고 있다. 그의 말대로라면 연설가는 그야말로 폭넓은 지식을 요구받고 있는 셈이다. 그러니 공부를 게을리할 수도 없겠다. 이런 보편적인 지식을 토대로 연설가가 실제로 연설할 때 취할 행동에 대해서도 언급하고 있다.

고대 수사학에서 연설이 생산되는 과정은 5단계로 분류할 수 있다. 생각을 발견하고 발견한 생각을 잘 정리한 후, 이것을 언어적으로 잘 표현해 머릿 속에 잘 붙들어매고 목소리와 몸짓을 통해 효과적으로 전달하는 전 과정을 말한다. 우리가 수사적 소통의 원리로 삼고 있는 것도 여기서 나온다. 이에 대해서는 2부에서 상세히 다루게 될 것이다. 키케로는 이 과정 가운데 한 가지만 제대로 알아도 연사는 큰 힘을 가질 수 있다고 했다. 하물며 5가지 모두 꿰뚫어볼 수 있는 연사는 그야말로 막강한 힘을 지니게 되는 셈이다. 그도 그럴 것이 그것이 곧 수사학의 주요 뼈대가 되기 때문인데 키케로는 이것이 곧 연설가의 힘이라고 은유적으로 표현하고 있다. 키케로는 완벽한 연설 능력만큼 신나는 일이 없다고 하면서 이런 능력이야말로 국가를 운영하는 리더에게 가장 중요한 역할이라고 강조한다.

지혜로운 견해와 격조에 맞는 말로 닦고 다듬은 연설을 듣는
것보다 즐거운 일이 어디 있을까? 말 한마디로 인민들의 성난

분노와 배심원들의 양심과 원로원의 권위를 뒤집어 놓을 수 있는데 이것보다 위력 있고 위대한 힘이 또 어디에 있을까? 무고한 탄원자들에게 구원의 힘을 주고 절망에 빠진 사람들에게 용기를 북돋아주며 안전을 제공하고 위험으로부터 벗어나게 해 국가의 울타리로 사람들을 지켜주는 것처럼 그렇게 군주의 품위를 보이고 관대하며 후덕한 경우가 있다면 도대체 무엇인가?

말을 잘할 수 있는 능력은 이렇듯 공동체 구성원을 지키는 리더의 주요 자질이 될 수 있을 뿐만 아니라 자신을 보호하는 최고의 무기가 될 수 있다는 사실을 강조한다.

자네 자신을 보호하고 경우에 따라 흉악한 모리배들을 공격할 수도 있으며 상처 입은 자네 자신의 복수를 위해 사용할 수 있도록 항상 몸에 지녀야 할 무기로 연설보다 더 중요한 것이 있을까?

이 구절을 보니 아리스토텔레스가 떠오른다. 인간이 말로 자신을 지킬 수 없다면 수치를 느껴야 한다고 그가 말하지 않았던가? 말을 부려 쓰는 것은 인간의 고유 능력이기에 언어를 사용하는 데 각별한 주의를 기울여야 한다는 아리스토텔레스의 울림이 키케로에게도 그대로 전해지고 있다.

　더 나아가 키케로는 공무에 시달릴지라도 항상 여유와 품위를 잃지 말라고 강조하면서 그것도 재치 있는 대화를 통해 가능하다고 일러주고 있다.

　자, 그러면 자네의 머릿속이 광장과 법정과 민회와 의회의 일들로만 가득 차지 않도록 여가도 즐길 수 있어야 하네. 그런데 여가 중에 할 수 있는 일로 재치와 기지로 가득 찬 대화를 나누고 또 어떤 화제라도 세련되게 참여하는 것보다 교양인의 품격에 더 어울리고 유쾌한 일이 있다면 무엇일까?

　인간이 다른 동물보다 비교우위를 차지하는 것도 모두 이 말하기 능력에서 비롯된 것이고 더 나아가 국가를 세우고 통치하는 것도 모두 이 능력 덕택이므로 리더는 말하기 능력을 키우는 데 최선을 다하라고 조언한다.

　말하기 능력을 대수롭지 않게 여기는 사람은 도대체 누구인가? 무엇보다 바로 이 능력 때문에 인간이 동물보다 우월한데 이 능력이 다른 사람보다 뛰어나게 되는 데 최선을 다해야 하는 것에 누가 이의를 제기할 것인가? 흩어진 사람들을 한 자리에 모으고 그들을 야만적인 거친 삶에서 이곳 로마처럼 인간답게 살 수 있는 문화와 문명 세계로 이끌 수 있었던, 또한 국가가 이미 세워졌을 때, 입법과 사법 그리고 법에 입각한 권한과 법이 보장한 권리에 대한 규정과 틀을 마련하고자 할 때, 어떤 다른 힘이 가능했을까? 수많은 사례들이 있으나 거두절미하고 핵심만 말하면, 이상적인 연설가의 조정調整과 지혜는 자신을 지키는 것은 물론 자신의 존귀함과 수많은 친구들과 국가 전체의 안위를 지켜주는 힘이네. 그러니 젊은이들이여, 해오던 그대로 정진해 나가게. 지금 매진하고 있는 공부를 열심히 하게나. 자네들에게는 명예를, 친구들에게는 유익함을, 국가에게는 큰 이익을 가져다 줄 인재로 장성할 수 있도록 말일세.

키케로의 이상적인 연설가 아이디어는 퀸틸리아누스에게 전해져 고전 수사학을 완결짓는 『수사학 교육』을 탄생시키는 데 기여한다. 퀸틸리아누스가 생각하는 이상적인 연사는 지혜로울 뿐만 아니라 인품이나 말하기 지식에서 완벽한 사람을 말한다. 그러면서 그런 사람은 아직 볼 수 없었다고 말하는데 이것은 키케로도 마찬가지다. 그만큼 이상적인 연사에 도달하는 것이 지난한 과정이라는 사실을 암시하는 것이다. 그래도 우리는 모두 이상적인 연사가 되기 위한 노력을 멈출 수는 없다. 마음 속에 각자 추구하는 이상적인 연사의 모습을 새기고 그 형상에 다가가기 위해 정진해

나간다면 훌륭한 연사로 나아가는 길에 이미 들어선 것이 아닐까?

수사학은 종합 학문이다

아리스토텔레스는 수사학을 "설득이 필요한 순간, 설득에 필요한 수단을 찾는 기술이라고 해두자."라고 정의했다. 여기서 기술이라는 말에 주목하자. 그리스어에서 기술을 지칭하는 말은 테크네 tekhnê이다. 이 말은 요즘 우리가 이해하는 테크닉으로서의 기술보다 더 넓은 외연을 갖는다. 바로 원리와 예술이라는 의미까지 포함한다. 그래서 아리스토텔레스는 테크네를 지식의 여러 종류 중 하나로 분류했다. 그는 이 지식의 여러 종류를 밝혀내려고 평생을 바쳤다. 학문의 기본이 되는 원리들을 발견하기 위해 명제론, 범주론, 분석론 전서, 분석론 후서, 변증론, 소피스테스적 논박을 저술했다. 이 책들은 그의 학문 체계에서 일종의 도구적 성격을 띠고 있다. 그래서 오르가논 모델이라고도 부른다.

그의 학문 체계를 분류할 때 이론 지식, 실천 지식, 제작 지식으로 나눈다. 수사학은 시학과 함께 제작 지식에 속한다. 뭔가를 짓고 제작하면 모두 이 지식에 속하는데 건축술, 조선술 등도 여기 속한다. 그러면서 수사학은 정치학과 윤리학 등의 실천학문의 자매보조학문이라는 말도 덧붙이고 있다. 이것은 아리스토텔레스의 생각이다. 나는 다르게 생각한다. 정치학과 실천학은 물론 다른 모든 학문체

당신은 어떤 말을 하고 있나요?

계가 수사학의 보조학문이라는 생각을 지울 수 없다. 수사학이 무엇인가? 그의 정의대로 보더라도 설득이 필요한 상황에 수단을 강구하는 기술인데 인간사에 등장하는 매우 다양한 상황에 모든 학문은 물론 경험과 대상들이 동원되어야 하기 때문이다.

더 나아가 아리스토텔레스의 저작물에는 그 고유번호가 붙어 있다. 명제론부터 번호가 매겨져 수사학과 시학은 맨 뒤에 위치한다. 그래서 그런지 아리스토텔레스 학문 체계에서 특히 수사학은 홀대받는 인상이다. 그런데 엄밀히 따져보자. 수사학이 아리스토텔레스 학문 체계의 중심에 와야 하지 않을까? 그의 학문적 업적 중 모두 인정하는 것은 아마도 삼단논법syllogismos 실로기스모스의 발견일 것이다. 이것은 자신의 주장에 논증력을 확보하는 것인데 이 아이디어는 사실 수사적 아이디어라고 할 수 있다. 학문 대상이나 전하려는 메시지가 무엇이든 결국 청중에게 알려야 하는 것 아닌가? 그래서 그들이 그것을 믿도록 만드는 것이다. 그렇다면 수사학을 피할 수 없다. 그래서 아리스토텔레스는 앞의 많은 저작물을 쓰고나서 부족하다고 느끼고 수사학을 마지막에 쓴 것이 아닐까? 수사학이 그의 학문 체계의 중심에 와야 한다는 생각을 지울 수 없는 이유가 여기 있다.

다른 학문들은 특정한 연구 대상이 있는 데 반해 수사학은 특정 연구 대상이 없기 때문에 "이게 과연 순수 학문이라고 말할 수 있는가?"라는 반론도 있다. 특정 연구 대상이 왜 없단 말인가? 인간의 활동과 관련된 모든 대상이 수사학의 연구 대상이다. 백 번 양보해

특정 연구 대상이 없다고 치자. 오히려 그렇기 때문에 다른 학문들의 원리로 관여할 수 있지 않겠는가? 변증론논리학이 그렇다. 그래서 아리스토텔레스가 수사학은 변증론과 짝을 이루는 학문이라고 하지 않았던가? 수사학은 분명히 학문이다. 더 정확히 말하면 종합 학문이다. 왜 종합 학문인지 지금부터 논증해보자.

수사학이 가진 기초 학문적 성격 때문에 다양한 인접 학문 분야와 수사학은 연관될 수 있다. 수사학은 인문학이다. 인문학이 무엇인가? 인간을 연구하는 학문 아닌가? 정확히 말하면 수사학은 인문학보다 더 넓은 외연이 있다. 그래서 "인문학 자체가 수사학의 하나의 특별한 형태라는 것이 옳은 의견일 것 같다."라는 지적은 타당하다고 하겠다.

사회과학은 또 어떤가? 사회의 질서와 사회적 행위를 연구하는 시선으로 사회과학을 바라보면 사회를 구성하고 있는 개인의 자유와 권리 그리고 도덕과 윤리를 포함한 인간의 삶 전체와 만날 수 있다. 그런데 인간이 사회에서 만들어내고 있는 행위는 너무 다양하고 복잡미묘하기 때문에 관념적인 논쟁으로 포착해낼 수 없을 것이다. 진정한 사회과학은 자신이나 우리의 가치만 소중한 것이 아니라 타인이 선택한 가치도 소중하고 존중받아야 한다는 시각에서 출발해야 한다. 이런 맥락에서 보면 사회과학과 수사학은 타인, 즉 상대가 중심이고 상대의 공감과 신뢰를 얻어내는 것을 최종 목표로 한다는 점에서 그 궤를 함께 한다고 할 수 있다. 정치학과 경영학은 수사학의 대표적인 연구 영역이다.

당신은 어떤 말을 하고 있나요?

공학 분야도 마찬가지다. 건축학을 볼까? 알베르티의 『건축론』을 보면 건축학의 수사적 성격을 읽어낼 수 있다. 수사학의 5가지 개념 체계 중 세 번째 표현 분야에 들어 있는 스타일과 관련 된 여러 수사학 이론이 건축을 구축해내는 주요 이론으로 되살아난다. 알베르티는 특히 키케로의 수사학 이론에 기대어 자신의 이론을 세워나간다. 디자인과 장식은 물론 키케로 문체 이론의 주요 개념인 척도modus 개념을 건축학을 학문으로 정립해나가는 근본 요소로 삼고 있다.

알베르티가 정립한 건축의 학문·예술은 연설과 수사의 학문·예술에 내재된 제반 창작 원리와 미묘하고 복합적인 소통 관계에 있었음을 충분히 짐작할 수 있다.

개별 분과 학문들은 또 어떤가? 커뮤니케이션학은 그야말로 수사학의 원리를 그대로 가져오지 않는가? 설득을 목적으로 하는 의사소통 전반을 연구하는 학문상 원리가 수사학 그 자체라는 말이다. 다만 사회와 문화가 복잡하고 다양해짐에 따라 연구 대상의 외연이 넓어졌을 뿐이라고 진단할 수 있다. 신자들과의 소통을 강조하는 설교는 또 어떤가? 그 자체가 청중의 믿음을 불러일으키는 행위 아닌가? 수사학이 지향하는 바 자체가 바로 설교다. 그래서 설교 수사학이라는 분과 학문도 새로 생겼다.

수사학과 오랜 반목의 세월을 보내왔던 철학도 따지고 보면 수사학을 피해갈 수 없다. 그래서 수사학에 날을 세웠던 플라톤도 결국 자신의 아이디어를 설득하기 위해 수사학의 방법을 사용하였다는 아이러니를 발견할 수 있다. 플라톤의 대부분의 저작물들은 수사학으로 읽어낼 수 있다. 아니 온통 수사학의 보고寶庫라고 할 수 있다. 과학은 어떤가? 엄밀한 증명을 요구하는 과학조차도 수사학을 피해갈 수 없다. 자신의 이론이나 학설이 다른 어떤 것보다 과학적이라는 사실을 입증하기 위해 수사학을 사용한다. 과학 수사학이 생긴 이유다. 수사학과 전혀 다른 노선이라는 인식이 팽배한 철학과 과학이 오히려 수사학을 가장 필요로 한다는 것은 아이러니다. 일반적인 학문보다 더 엄격한 논증을 요구하고 다중의 동의를 확보해야 하는 학문일수록 수사학을 더 요구한다는 논리가 참 재미있다.

　공연이나 예술 분야도 수사학을 부른다. 광고는 어떻고 드라마나 방송을 포함한 영상 예술 분야는 또 어떤가? 온통 수사학이다. 가수를 볼까? 노랫말은 물론이고 노래 부르는 가수의 모습을 포함해 그의 일거수 일투족이 모두 수사학을 요구한다. 대중의 마음을 얻기 위해 아이디어를 발견하고 실행하는 전 과정이 수사학 체계와 똑같다. 비단 가수만 그런가? 인간이 의도해 생산해내는 모든 정신적, 육체적 활동은 수사학으로 포섭해낼 수 있다. 정통 예술 분야를 포함해 대중적 스포츠에 이르기까지 문화 영역 전반도 마찬가지다. 그래서 음악 수사학, 미술 수사학, 이미지 수사학, 연극 수사학, 영화 수사학, 스포츠 수사학 등 다양한 분과 학문에서 활발한 연구 성과가 나오고 있다. 수사학의 분과 학문이 그 뿐인가? 정치 수사학, 경제 수사학, 법학 수사학, 문학 수사학 등 다양한 학문 분야를 수사적으로 포착하는 연구들이 활발히 진행되고 있다.

수사학은 학문 사이를 관통하는 원리가 들어 있을 뿐만 아니라 제반 학문이 인간 관계를 계속 맺어나가는 학문 본연의 의무를 수행하려고 한다면 수사학의 도움을 반드시 요구한다. 그래서 수사학이 학제적 학문이요, 종합 학문이라는 말이 자연스레 성립한다.

수사학은 과거에도 학문의 여왕이라는 지위를 누렸지만 앞으로도 계속 학문의 여왕으로 군림할 것이다.

수사학은 소통의 원리다

얼마 전 프란치스코 교황이 한국을 다녀갔다. 체류하면서 보여준 그의 따뜻한 말과 온화한 모습은 장안의 화제가 되었다. 군중을 바라보며 해맑게 웃는 모습은 또 어떤가? 그의 입에서 나오는 말 한마디 한마디는 가슴 속 깊은 곳을 파고들었다. 소외된 이웃을 돌보고 가진 자들의 사치와 교만에 경종을 울리고 지도층 인사들에게 겸손과 배려를 강조하며 병들고 힘없고 지친 자들의 상처를 어루만지느라 고령에도 불구하고 그토록 빡빡한 일정을 소화했나 보다. 그런 교황을 보고 우리는 열광했다. 교황이 우리에게 큰 울림을 준 것은 아마도 그의 올곧은 생각과 평화의 메시지 그리고 부드러우면서도 열정적인 행동이 하모니를 이루었기 때문일 것이다. 생각과 말과 행동이 어떻게 조화를 이루는 것일까? 우리는 그 답을 수사학에서 찾을 수 있다.

수사적 소통이란 무엇인가?

생각과 말과 행동이 조화를 이룰 때 수사학은 완성된다. 물론 생각과 말과 행동이라는 단어 앞에 '좋은'이라는 단서를 붙일 경우에 한해 그렇다. 그런데 그것이 얼마나 어려운가? 그래서 인간은 끊임없이 자신을 돌아보고 성찰해야 한다. 남을 설득할 때는 항상 좋은 생각에서 시작해야 한다는 말이다. 그런데 남을 설득할 때 꼭 알아야 할 것이 있다. 자신도 설득될 수 있다는 사실 말이다. 상대의 생각을 바꾸려고만 해서는 안 된다. 이것을 인식하는 것이 매우 중요하다. 어떤 의미에서 보면 고전 수사학의 상당 부분은 상대를 설득하는 데 치중된 감이 없지 않다. 평화와 상생의 향기가 피어나야 할 자리에 다툼과 상쟁의 화약 연기가 피어오른다. 고전 수사학의 이런 각박한 특성을 지양하고 평화를 위한 수사로 나아가야 한다는 입장을 취하는 수사학자들도 있다. 이들이 공통으로 강조하는 것은 소통이다.

어떤 사람은 수사학을 '사람들 사이의 거리를 좁혀주는 학문'으로 정의한다. 그리고 어떤 사람은 수사학을 청중 중심의 의사소통 이론이라고 하면서 주장이 상충되더라도 상대가 맞을 수 있다는 관용의 분위기에서 발전할 수 있는 학문이라고 강조한다. 또 다른 어떤 사람은 수사학을 자신의 변화를 각오하고 의사소통에 임하는 자세를 일러주는 학문이라고 한다. 이런 맥락에서 신수사학은 관용의 자세로 공통 질문에 관심을 갖고 상호신뢰를 구축하려고 노력한다. 이런 입장을 견지하는 수사학은 물음의 수사, 초대의 수사, 탐구의 수사, 임상의 수사, 파동의 수사 등 다양한 이름으로 발전을 꾀하고 있다. 그러나 이 다양한 수사학의 정의들 사이를 관통하고 있는 공통 코드가 있다. 바로 소통이다. 그래서 이름붙여 본다. 수사학은 소통^학이다. 소통의 수사에는 무엇이 들어 있나?

사람들은 서로 다르듯이 입장도 모두 다를 수 있다. 달리 말하면 사람들 사이에는 서로 다른 생김새만큼 거리가 있다는 뜻일 것이다. 그런데 사람은 더불어 함께 살아가지 않으면 안 되는 운명 아니던가? 그러다보면 갈등이 일어날 수밖에 없고 그럴 때면 이것을 해결하기 위해 서로 소통할 수밖에 없다. 대화가 잘 안 풀릴 때, 인간이 가진 이런 숙명적 속성을 떠올려보는 것도 괜찮으리라. 그래서 철학자이자 수사학자인 미셸 메이에르는 수사학을 '주체들 간의 거리 교섭'이라고 정의내린 바 있다. 서로 의견이 다른 사람들이 살을 부대끼며 살면서 입장 차이를 줄이기 위해 노력해야 하고 이때 수사학이 필요하다는 말일 것이다.

앞에서 우리는 설득을 목표로 하는 수사학을 보았다. 설득을 하면서 나도 설득될 수 있다고 생각하면 괜찮은데 대부분은 내가 설득된다는 것에 긍정적인 시선을 보내지 않는다. 로고스 우위의 전통이 오래 지속되어온 영향 탓인지 내 말로 상대를 설득하는 데 더 열을 올린다. 하지만 곰곰이 생각해보자. 모두 상대방을 설득하려고만 하고 자신은 설득되지 않으려고 한다면 사회가 어떻게 되겠는가? 억지를 부려서라도 상대를 제압하려고 할 것이다. 이제 우리의 관심은 상대를 설득하는 것보다 내가 상대의 입장을 이해하고 공감하는 쪽으로 옮겨져야 한다.

상대는 제압할 대상이고 관철해야 할 일은 오직 나로부터 나와야 한다고 생각해서는 안 된다. 상대의 입장을 이해하려고 노력하는 자세에서 시작해야 한다. 수사학이 일반인에게 부정적인 뉘앙스를 주는 것도 따지고 보면 상대를 제압하기 위한 수단으로 사용될 수 있다는 데서 그 이유를 찾을 수 있다. "상대를 설득하는 일만 있고 다른 것은 안중에도 없다."라고 생각해서는 안 된다. 목표만 관철되면 수단은 정당화될 수 있다는 생각은 우리 삶을 팍팍하게 만든다. 그렇지 않아도 물신주의가 팽배한 세상에서 모두 이런 생각을 하고 살아간다면 사회가 어떻게 되겠는가?

고대부터 말하기 교육을 통해 올바른 시민을 양성해낼 수 있다고 생각한 사람이 있었다. 이소크라테스는 외부에서 아테네로 들어오는 사람들을 포용해 그들과 함께 정의로운 사회를 만들려고 노력했다. 그러자면 당연히 교육이 필요할텐데 이것이 바로 수사학 교육이었던 것이다. 이 교육의 핵심은 자신보다 공동체를 우선하고 삶의 현장 바로 그 자리에서 시의적절한 말을 할 수 있는 인간을 키우는 데 있었다. 그는 이 교육을 통해 올곧은 품성을 키울 수 있다고 확신했고 이 교육을 위해 평생을 바쳤다.

플라톤은 또 어떤가? 『고르기아스』 편에서는 수사학에 대해 험한 말을 했지만 『파이드로스』 편에서는 한발 물러서 수사학을 인정하고 있다. 좋은 수사학은 인간의 영혼을 인도한다고 하지 않았는가? 퀸틸리아누스도 수사학을 훌륭한 말하기 기술이라고 했다. 훌륭하지 않으면 수사학을 논할 수 없다. 자신의 이익만 추구하는 말하기에 어떻게 '훌륭한'이라는 수식어를 붙일 수 있겠는가?

소통이 무엇인가? 일방적인 말하기를 소통이라고 하지는 않는다. 양방향, 쌍방적일 때 소통이라고 한다. 또 소통은 말만 오가는 것이 아니라 마음, 느낌, 생각, 감정이 오간다. 참다운 소통을 모색하는 것이 수사학이다. 말하는 사람은 자신의 내면을 되돌아보고 듣는 사람의 입장을 헤아리는 데서 시작해야 한다. 말만 앞세워서야 어떻게 소통할 수 있겠는가? 말의 논리 못지않게 말하는 사람의 품격과 듣는 사람의 감정이 중요하다는 사실을 다시 한 번 상기해야 한다.

요즘 토론의 중요성이 나날이 강조되고 있다. 초등교육과 중등교육에서도 토론식 수업이 대세다. 라디오, TV는 물론 신문도 쟁점 사안의 찬반을 다투는 필진의 글에 큰 지면을 할애하고 있다. 혹시 TV에 출연한 논객들의 볼썽사나운 모습을 본 적 있는가? 아예 작심하고 본색을 드러내는 논객도 있다. 상대의 말을 자르고 상대를 곤란하게 만들어 시청자들의 관심을 끌고 흥미를 유발하려고 드는 논객 말이다. 하지만 이런 논객은 토론의 진정한 의미를 이해하지 못하는 사람이다. 기본적으로 토론은 양방향에서 따져보는 것이다. 내 생각만 옳다고 주장해서야 어찌 제대로 된 토론이 될 수 있겠는가? 상대를 설득하기 위한 노력 못지 않게 상대의 입장을 이해하려고 노력해야 한다. 그런 논객이 사람의 마음을 움직일 수 있다.

혹시 상대가 내 말을 자르고 날선 공격을 계속해오면 어떻게 할까? 이 경우, 대부분 당황할 것이다. 토론 도중 상대로부터 심한 공격을 받은 사람들의 공통적인 모습이 있다. 불안한 눈빛과 애매한 표정, 의기소침한 목소리, 어물거리는 발음 같은 것 말이다. 이럴 때 어떡해야 하는가? '흥분하면 진다'는 말이 있지 않은가? '진다'라는 표현이 좀 심한가? 호랑이 굴에 들어가도 정신만 차리면 산다는 말도 있지 않은가? '전화위복'이나 '위기 속에 기회가 있다'는 말도 새겨볼 만하다. 먼저 호흡을 가다듬고 평화로운 상태를 유지하는 것이 무엇보다 중요하다. 여유를 갖고 자신을 공격하는 상대를 이해하겠다는 눈빛을 전하며 포용의 자세를 취한다. 그런 다음 상대의 주장과 내 주장의 장·단점을 따져가며 논증해나간다. 이런 사람의 말에 누가 감동하지 않겠는가?

설득이 아니라 상호 간의 입장을 이해하는 것이 목적이 될 때 대화가 성공할 확률이 높다. 말하는 사람이나 듣는 사람 모두 동등하다고 생각해야 한다. 내 생각이 우월하다. 그러니 내가 너보다 낫다는 식의 옹졸한 생각에서 벗어나지 않으면 설득은 애초 물 건너 간 것이다. 상대의 생각을 바꾸려고 하지만 말고 나 스스로 변화할 수 있다는 마음을 가져야 한다. 그래서 나보다 더 합리적인 생각이라고 판단될 때, 내 생각을 수정할 수 있어야 한다. 애초 설득이 뭔가? 바뀔 수도 있다는 것 아닌가? 수사학의 관심은 처음부터 그런 것에 있었다. 답이 정해져 있고 어떻게 해볼 수 없는 불변의 진리가 수사학의 관심 대상이 아니라는 말이다. 우리가 벌이는 토론의 논제들을 보라. 답이 보이는 것은 토론의 논제가 될 수 없지 않은가? 그것만 알고 시작해도 더 쉽게 합의에 도달할 수 있을 것이다. 자, 우리 모두 기본으로 돌아가자. 말하는 사람의 품격을 높이고 듣는 사람의 감정을 제대로 이해하며 말의 논리를 탄탄히 가져가기 위해 우리는 수사학에 깊이 있는 시선을 보내야 한다.

상대의 생각을 바꾸게 하고 자신의 입장을 관철하려는 설득지향의 수사학은 말하는 사람이 우월적 위치에 있는 것처럼 보인다. 소통을 지향하는 수사학은 그렇지 않다. 말하는 사람과 듣는 사람 공통으로 스스로 변화할 것을 각오하고 대화에 임한다. 그래야 소통이 되지 않겠는가? 내가 변할 수 있다는 마음을 갖고 있을 때에야 비로소 상대도 내 입장에 동조할 수 있게 된다. 이심전심이라는 말은 이럴 때 어울린다. 우리가 종종 듣는 윈윈 전략도 쌍방 모두 상대를 받아들일 수 있는 따뜻한 마음을 전제로 했을 때 통하는 말이다. 상대를 굴복시키는 데 급급한 대화는 폭력을 연상시킨다. 물리적 폭력만 폭력이 아니다. 사실 언어 폭력이 더 심각하다. 이런 맥락에서 볼 때, 비폭력 대화에 대한 관심은 당연하다고 하겠다.

비폭력 대화의 핵심이 무엇인가? 상대를 평가하지 않고 관찰하는 것 아닌가? 그런데 우리 일상 대화에서는 관찰보다 평가하는 모습이 더 많이 나타나는 것 같다. 특히 상하 관계가 분명한 사이에서 진행되는 대화에서 그런 모습이 종종 목격된다. 부모와 자식 간의 대화, 상사와 부하 간의 대화에서 교육이라는 이름하에 윗사람이 아랫사람을 평가하는 경우가 잦다. 교육자가 피교육자에게 뭔가를 지시하고 주입시키는 것이 과연 진정한 교육인가? 교육에서 중요한 것은 양자 간의 래포rapport가 아니던가? 교육자가 할 수 있는 일은 피교육자를 만드려는 것이 아니라 그가 내게 와 그의 속내를 드러내도록 하는 것 아니겠는가? 그러려면 대화에 임하는 교육자의 자세가 매우 중요해진다. 지시와 지적으로 일관하는 부모와 선생, 상사 앞에 아이와 학생, 부하가 가려고 하겠는가? 평가에서 관찰로 전환된 대화로부터 교육은 시작된다고 할 수 있다.

스티븐 스필버그 감독의 일화가 생각난다. 아직 스필버그가 어릴 때 하루는 담임교사가 스필버그의 어머니를 학교로 오라고 했다. 교사는 어머니에게 스필버그가 수업시간에 잘 집중하지 않고 그림을 그리고 글을 쓰느라 정신없이 보낸다고 했다. 이 말을 들은 어머니의 마음이 어땠을까? 걱정도 되고 속상했을 것이다. 아마도 우리 주변에서 볼 수 있는 모습일 것이다. 화가 난 엄마가 아이를 불러 세워놓고 "이놈아, 어떻게 했길래 선생님이 엄마를 학교로 오라고 하냐? 그리고 뭐, 수업시간에 그림이나 그리고 낙서나 하고 있다고? 나 원 참 기가 막혀. 너 때문에 이 엄마는 속상해 죽겠다. 살 맛이 안 난다…"라고 말할 것이다. 그런데 스필버그의 어머니는 그렇게 하지 않았다. "얘야, 오늘 선생님께서 네가 수업시간에 그림을 그리고 글을 쓰고 있다고 걱정하시면서 말씀하시던데 사실 난 조금 속상했단다. 네가 좋아하는 그림을 그리고 글을 쓰는데 선생님께서 왜 걱정하실까? 네가 좋아하는 행동을 선생님과 네 친구들이 모두 인정해줄 수 있었으면 얼마나 좋을까? 얘야, 선생님과 네 친구들이 네 그림과 글을 인정할 수 있도록 하기 위해 수업시간에는 열심히 공부를 하는 게 좋지 않겠니?" 어머니의 충고를 듣고 스필버그는 열심히 공부해 친구와 선생님으로부터 인정받게 되었다. 어머니의 훌륭한 대화법이 오늘의 명감독 스필버그를 만들었다는 생각을 지울 수 없다. 혹시 그때 스필버그가 수업시간에 이상한 외계인이나 흉측한 공룡을 그리고 있었던 것은 아닐까? 만약 어머니가 어린 스필버그에게 평가하고 비판하는 일색의 대화를 늘어놓았더라면 과연 E.T나 쥬라기 공원을 우리가 볼 수 있었을까?

수사학은 항상 청중과 함께 한다. 말을 듣는 청중, 글을 읽는 독자, 영화를 보는 관객 등 다양한 수신자를 염두에 두고 있다. 수사학은 단순히 말하는 사람의 기법을 전수하는 것이 아니다. 말하는 사람과 듣는 사람이 서로 차이를 인정하고 서로 받아들여 변화를 감내해야 진정한 소통으로 나아갈 수 있다.

진정한 소통으로 나아가기 위해 극복해야 할 것들이 너무 많다. 언어가 가진 기본적인 오해의 문제, 인간의 에고ego 극복의 문제, 갈등이 부지기수로 노출되는 인간의 종적 특성 문제 등 말이다. 가장 기본적인 것 중 하나가 수사학이 지향하는, 상대의 입장을 이해하는 것 아닌가? 초대 수사학이 지향하는 바이기도 하다. 수사적 소통의 체계적 원리는 뒤에서 상세히 다룰 것이므로 여기서는 수사학의 주요 개념인 그럴법함eikos, 때맞춤kairos, 어울림decorum을 소통의 기본 조건으로 삼아 논의를 전개하기로 한다.

수사적 소통의 기본 조건

① 그럴 법하게 말하라 수사학은 그럴 법한 이야기에서 출발한다. 그렇다고 수사학이 진리를 등한시한다는 말은 아니다. 말이 신뢰를 얻기 위해 진리만큼 좋은 것이 또 어디 있겠는가? 하지만 인간 삶의 현장에서는 진리만 힘을 얻는 것은 아니다. 대다수 사람들이 가진 생각이 더 중요할 때가 많다. 문제를 해결할 때나 진리가 눈앞에 보이지 않을 때, 우리는 사람들이 가진 생각에서 출발해 의견을 개진해나간다. 진리와 허위 여부보다 더 절실한 문제가 걸려 있기에 진리를 논할 게재가 아니다. 더구나 가치 문제를 판단하는 경우라면 어느 한 쪽의 의견이 다른 쪽의 의견을 완전히 제압하는 것은 상상하기 어렵다. 진리에 대해 상대적 입장을 취하는

사람들의 논의는 제외하더라도 진리라는 것은 다수의 동의를 얻어야 의미있는 것 아닐까? 그래서 대중과의 소통에서는 대다수 사람들이 가진 생각, 즉 상식이 더 중요하다는 말이다. 상식에 기대면서도 말하는 사람은 끊임없이 자신의 모습을 점검해야 한다. 연사가 공동체 구성원들에게 전하려는 내용이 오직 하나뿐인 진리를 증명하는 것이 아니라 다수의 의견을 수렴하는 과정이라는 점에서 수사학의 '그럴법함, 개연성eikos' 개념이 중요해진다. '개연성'은 인간의 지식이 논리학의 대상인 논증될 수 있는 진리보다는 의견들에 더 많이 의존하고 있음을 인식하고 다수의 의견을 수렴 가능하도록 해주는 수사학의 기본 개념이다. 보편적 진리들은 인간 세계에서 일어나는 우발적인 사건들에 적용하기 어렵고 항상 경험적으로 입증되지도 않는다. 이런 인식 범주에서 수사학의 '개연성' 개념은 화자가 초대한 대화의 장에 청자가 적극적으로 참여해 열린 사고를 통해 서로 능동적으로 의사소통을 수행하도록 도와준다. 수사학의 '개연성'을 바탕으로 하는 소통은 결국 화자가 보편적인 청중의 의견을 수렴하거나 절대적인 진리를 추구하는 것이 아니라 청중과 함께 만들어가는 상호적인 텍스트를 지향하는 열린 소통의 대안이 될 수 있을 것이다.

② 시의적절하게 말하라 사랑하는 여인이 신성모독죄로 법정에서 죽게 되자 남자는 어쩔줄 모른다. 당시 신성모독죄는 사형에 처했다. 어떤 말로도 배심원을 설득할 수 없었다. 그 남자는 갑자기 법

아레오파고스 법정에 선 프리네(장 제롬 1861년 작)

정에 선 사랑하는 여인이 걸치고 있던 옷을 찢어버린다. 여인은 나체가 되었다. 그런데 이것이 이 여인을 살릴 줄 누가 알았겠는가? 옷을 찢어버리면서 그 남자는 이렇게 말한다. "보십시오, 여러분, 이 아름다움은 신이 내린 것이 아니겠습니까? 신이 내린 아름다움에 인간의 법이 어찌 죄를 씌울 수 있겠습니까?" 그 여인은 신성모독죄를 벗을 수 있었다. 기원전 4세기 아테네에서 있었던 일이다. 그 여자는 당대 최고의 미녀 프리네이고 남자는 아테네 10대 연설가 중 한 명이자 정치가였던 휘페리데스다. 프리네는 데메테르 제전이 열리던 날, 자신의 아름다움을 과시하기 위해 알몸으로 바다에 걸어 들어갔고 바로 이 행동 때문에 신성모독죄로 법정에 섰다.

수사학은 불변의 진리를 추구하는 것이 아니라 대중의 상식과 의견을 존중한다고 했다. 인간을 둘러싸고 있는 상황은 매순간 변할 수밖에 없다. 그래서 우리는 매 상황마다 시의적절한 때를 고르고 그에 딱 들어맞는 말을 찾는 데 그토록 고민하는 것이다. 그래서 이소크라테스는 수사학 교육에서 이론적 지식보다 실천적 지혜를 그토록 강조했다.

시의적절kairos하게 말하라! 수사적 소통의 두 번째 조건이다. 타이밍을 잘 맞추라는 말이다. 절체절명의 시기에 나오는 꼭 필요한 말 한 마디가 세상을 구원한다. 그래서 카이로스를 아는 자는 리더가 된다. 순간을 포착해 꼭 필요한 말을 찾아내는 것이 그리 쉬운 일인가? 그러기 위해서는 많은 준비를 하고 항상 깨어 있어야 할 것이다. 의제를 선점하고 대중을 이끌어가는 말을 던질 수 있는 사람은 대부분 이런 능력이 탁월하다. 자신이 가진 기본 소양을 잘 조절하고 판단해 때맞춰 의견을 낼 수 있는 능력은 교양인이 갖춰야 할 기본 능력이다. 설사 지금이 기회가 아니라고 생각되면 다음을 기약하면서 한 마디 남길 수 있는 사람, 그래서 그 말이 구성원의 마음을 움직일 수 있다면 그는 다음에 반드시 기회를 얻게 될 것이다. 전장에서 죽음이 뻔한 최악의 상황에서도 장렬한 죽음을 이끌어낼 수 있는 지휘관 그리고 그와 함께 장렬한 죽음을 택한 전사들도 후세에 영웅으로 사람들의 가슴 속에 영원히 남는다. 어디 사람만 기억에 남는가? 그가 남긴 말도 명언으로 길이길이 남는다. 명량해전을 앞두고 두려워하는 병사들에게 남긴 충무공 이순신 장군의 말이 귓전을 때린다. 必死卽生, 必生卽死 반드시 죽으려고 하면 살고 반드시 살려고 하면 죽는다

말의 효율성을 살려 올바로 말하기 위해 고민하는 사람은 '시의 적절kairos'을 항상 염두에 두어야 한다. 모든 종류의 담화는 현실과 연관될 수밖에 없다. 담화는 구체적인 시공간의 현실을 초월한 무시간적 추상 공간에서 이루어지는 것이 아니기 때문이다. 따라서 어떤 담화의 의미는 반드시 그것이 이루어지고 있는 시공간의 맥락 속에서 해석되어야 한다. 상황을 읽어내고 타이밍을 포착해 꼭 필요한 한 방을 날릴 수 있는 자, 이런 사람이야말로 공동체의 소통을 제대로 이끌어낼 수 있는 리더다.

③ 조화롭게 말하라 "나이가 들면서 느끼는 것은 수다다."라는 말을 종종 듣는다. 비교적 가족 간의 대화가 많은 편인 우리 집에서 나는 그야말로 왕수다다. 조금 길어지면 옆에 있는 아내가 손으로 내 입술을 살짝 잡으면서 '이제 그만'이라고 말한다. 아이들은 웃음을 터뜨린다. 그럴 때 아내가 정말 현명하다는 생각이 든다. 조화의 원칙을 잘 실현하는 사람이야말로 수사修辭의 고수라고 할 만하다. 대화 내용도 적절해야겠지만 그 양도 신경써야 한다. 네 명이 대화를 하면 기본적으로 1/4만 말해야 한다. 말이 길어질 것 같으면 적당한 부분에서 그만둘 줄 알아야 한다. 말할 기회가 왔어도 다른 사람이 말하려고 하는지 살펴야 한다. 아무도 말하려고 하지 않는다면 조심스럽게 아까 한 말을 이어갈 수도 있지만 이미 상황이 종료된 이야기라고 판단되면 다른 사안으로 넘어갈 줄 알아야 한다.

우리는 말할 때, 항상 저울질해 균형을 잡아야 한다. 조화를 이루어야 한다는 말이다. 조화는 말뿐만 아니라 생각이나 행동에도 적용된다. 지금 하고 있는 생각이 과연 옳은 것이고 균형잡힌 것인지 따져봐야 하고 지금 하는 행동이 적절하고 주변과 조화를 이루는지 검토해야 한다. 그리고 말할 때 중용지도에 입각해 할 말을 저울에 올려놓고 항상 점검해야 한다. 완급과 강약을 조절해 사안에 꼭 맞는 표현을 찾아야 한다. 즉 말할 내용과 표현의 관계가 어울리는지, 사안과 인물의 관계가 조화를 이루는지 항상 따져보아야 한다. 수사학에서는 이런 능력을 '데코룸decorum'이라고 한다. '조화'나 '어울림'으로 해석할 수 있다. 어울림은 생각하거나 말할 때, 적재적소에서 적절히 말하고 행동하는 것을 지칭하는 개념이다. 고대 로마에서 이상적인 연설가orator perfectus에 대한 논의가 한창일 때, 이상적인 연설가의 중요 덕목으로 조절 능력을 요구했다. 즉 어떤 주제가 주어지든 상황과 맥락에 맞게 말할 내용과 형식을 잘 조율할 줄 아는 사람이 이상적인 연설가라는 말이다. 그런데 살아가는 과정에서도 매순간 닥치는 상황에서 무엇이 가장 적절한지 찾는 것이 어렵듯이 연설할 때도 무엇이 적절한지 아는 것보다 어려운 것은 없을 것이다. 리더가 공동체 구성원들 앞에서 말할 때, 적재적소에 꼭 필요한 말을 찾지 못한다면 어떻게 되겠는가?

항상 주변과 조화를 이루려는 사람, 남을 배려하고 그의 말에 귀기울이는 사람, 역지사지를 실천하는 사람들로 넘치는 사회는 행복한 사회일 것이다. 특히 리더가 귀담아 들어야겠다. 리더가 내면의 자아와 항상 대화하며 주변과 어울리는 생각을 하고 그에 합당한 말을 생각해내고 행동하는데 소통이 필요하다는 말이 왜 나오겠는가? 리더십이 리더의 기득권 유지를 위한 이해 관계에서 벗어나 특정한 청중이 아닌 이성적인 사고능력을 가진 보편적인 청중을 상정할 때, 리더십의 민주화가 이루어질 수 있다고 본다. 아울러 보편적인 청중을 지향하는 리더십은 리더가 대중에 대해 취할 수 있는 일방적이고 권위적인 자세에 경종을 울릴 수 있고 쌍방이 공감대를 형성해 더 원활한 소통을 할 수 있는 환경을 조성하는 데도 기여할 것이다.

지금까지 수사학에 대해 살펴보았다. 고전에 나오는 인물을 중심으로 보면 수사학 이야기는 인류 최고의 서사시 『일리아스』까지 거슬러 올라갈 수 있다는 것을 확인할 수 있었다. 고르기아스를 통해 왜 말이 힘을 갖게 되었는지 알 수 있었고 이소크라테스는 진정한 수사학 교육은 단순한 논쟁술이 아니라 인간의 품성을 고양시키는 것임을 강조했다. 플라톤은 참된 수사학은 영혼을 인도하는 기술이 되어야 한다고 강조했다. 아리스토텔레스는 말하기에서 특별히 논증을 강조하며 수사학의 과학적 체계를 정초했다고 할 수 있다. 키케로는 말의 기술보다 말하는 사람에게 더 비중을 두며 이상적인 연설가의 덕목을 강조하였으며 퀸틸리아누스는 단지 말을 잘하는 능력뿐만 아니라 교육을 통해 정신의 모든 덕성을 구비한 인간으로 발전해야 한다고 설파했다. 고대 수사학자들은 수사학 교육을 통해 더 나은 세상을 만들 수 있다고 확신했던 것 같다. 이쯤 되면 수사학이 꽤 훌륭한 학문임을 알 수 있다. 이 책은 수사학의 진수를 파헤칠 것이다. 수사학은 공감과 소통을 원하는 이 세상 모든 사람들을 위한 훌륭한 길라잡이다.

2부

소통의 원리를 알면
말이 보인다

01 수사적 소통의 제 1원리 발견의 원리

우리는 말하기에 앞서 생각을 발견해야 한다. 왜 생각을 가장먼저 발견해야 할까? 생각없이 말했다가는 낭패보기 때문이다. 말은 나를 그대로 드러낸다. 말이 곧 사람이라는 말도 있지 않은가? 생각 속에 나온 말은 말하는 사람은 물론 듣는 사람을 이롭게 한다. 그래서 말하기 전에 곰곰이 따져보며 생각을 발견해야 하는 것이다.

그렇다면 도대체 무엇을 발견해야 하는 것일까? 두 가지가 중요하다. 하나는 '청중이 내 말을 듣고 내게 신뢰를 보낼 수 있는가'이고 또 하나는 '내가 청중의 마음을 움직일 수 있는가'이다. 말하는 사람은 무엇보다 신뢰와 감동이라는 단어를 먼저 떠올려야 한다. 오늘날 브레인스토밍, 마인드맵 같은 개념들이 모두 수사학의 발견inventio에서 나왔다. 어디 그뿐인가? 실행을 앞두고 뭔가 고민하

당신은 어떤 말을 하고 있나요?

는 과정에서 나오는 구상이나 전략 수립 전체의 정신적 행위를 우리는 이 제 1원리로 포섭할 수 있다.

● ●
신뢰

신뢰는 어디서 나올까? 우선 말하는 사람에게 신뢰가 가야 한다. 인품이나 성품이 좋아야 한다는 말이다. 그리고 말하는 사람이 자신을 돌보는 것 못지 않게 중요한 것은 청중을 이해하는 것이다. 청중이 공감하지 않는다면 아무리 좋은 말도 무용지물이 된다. 나아가 말이 그럴 법해야 한다. 논리적으로 모순이 없고 타당할 때 우리는 그 말에 신뢰를 보낼 수 있다. 즉 신뢰는 다름 아닌 그럴 법한 말에서 나온다.

어떤 말이 그럴 법한 말일까? 말하는 사람의 생각에 신빙성을 더해 줄 수 있는 말, 즉 논거가 탄탄한 말을 가리킨다. 그래서 논거를 찾는 것이 중요하다. 논거를 찾는 것보다 먼저 할 일이 있다. 내 말을 듣는 청중이 누구이고 내가 할 말이 어떤 유형에 속하는지 그리고 목적과 상황에 따라 문제를 적절히 제기할 수 있는지 살펴봐야 한다. 지금부터 신뢰를 얻는 방법들을 하나씩 살펴보자.

품격을 보여라
똑같은 말도 말하는 사람에 따라 효과가 다르게 나타난다. 말하는 사람은 인격적인 감화로 상대에게 다가가야 한다. 우리는 덕망 있는 사람이 말할 때 더 잘 더 빨리 믿는다. 학생이 선생님을 믿고 신도가 성직자의 말을 믿는 것은 상대의 인격이 훌륭하다고 생각하기 때문이다. 여기서 주의할 점은 품격이 말과 연결되어 나타나야 한다는 것이다. 즉 표현을 통해 자신의 품성을 잘 드러낼 수 있어야 한다는 말이다. 하지만 이것은 억지로 되는 것이 아니다. 오히려 신경쓰면 쓸수록 품격이 사라지는 것이 세상 이치 아닐까? 마치 운동선수가 몸에서 힘을 빼야 원하는 결과가 나오듯이 사심 없는 마음으로 평소대로 행동할 필요가 있다. 그야말로 마음을 비우는 자세가 요구된다.

말하는 사람의 품격은 주위 사람들이 맨 먼저 안다. 말하는 사람은 특히 공적인 자리에서 의견을 내놓을 때, 표현에 각별히 신경써야 한다. 속마음을 보여줄 수 없으므로 결국 표현과 전달하는 모습으로 사람들은 판단한다. 그 과정에서 "저 사람, 참 겸손하다!"라든지 "저 사람은 좀 경박한데."라고 듣는 사람이 판단한다. 말하는 사람은 자신의 고유한 생각을 드러내면서 인간적이거나 도량이 깊어보이도록 해야 할 것이다. 그리고 표현을 통해 상대를 높이고 자신을 낮추는 태도가 요구된다. 아울러 기지를 발휘해야 하고 듣는 사람에 대한 관심을 표명해야 하며 진정성이 드러나는 모습으로 청중 앞에 서야 한다. 수사학에서 말하는 사람의 품격은 '에토스ethos' 개념과 연관된다. 넓게는 인간성의 이념으로 확대되고 좁게는 개인의 인격으로 축소되어 정의될 수 있는 에토스는 말하는 사람과 듣는 사람 사이의 의사소통에서 필수 덕목이다. 청중은 단순히 텍스트의 명시적인 의미만 해독하는 것이 아니라 묵시적으로 텍스트의 행간에 스며 있는 연사의 인간성과 입장을 재구성하고 연사와 자신을 동일시하면서 듣기 때문에 에토스는 중요할 수밖에 없다.

아리스토텔레스는 말이 가진 논리와 별개로 연사가 청중의 신뢰를 얻기 위한 품격을 보이려면 현명함, 미덕, 호의 3가지 요소를 갖추고 있어야 한다고 했다. 연사가 말을 하다보면 대체로 이 3가지 중 어느 하나를 제대로 갖추지 못해 신뢰를 잃는 경우가 많다. 어리석으면 올바로 생각할 수 없고 올바로 생각하더라도 덕이 없으면 생각한 것을 제대로 말할 수 없기 때문이다. 그런가하면 현명하고 덕이 있더라도 호의가 없어 최선의 것을 알면서도 말하지 않을 수 있다. 따라서 이 3가지를 모두 갖춘 사람은 청중으로부터 신뢰받을 수 있다.

지난 대선 토론에 나온 이××후보가 생각난다. 상대를 배려하는 말은 리더가 갖춰야 할 기본 덕목임에 틀림없다. 그러나 이 후보는 시종일관 에토스에 신경쓰지 않고 있었던 것 같다. 아니 어쩌면 자신의 에토스를 인위적으로 만들어갔는지도 모르겠다. 상대 후보를 떨어뜨리기 위해 출마했다는 말을 시작으로 시종일관 공세를 늦추지 않았다. 하지만 결과는 어땠는가? 조금 더 심사숙고했어야 했다. 박××후보는 표정이 굳어 제대로 펴지질 않았다. 당황스런 상황이지만 그래도 여유있는 모습을 보였으면 어땠을까? 하기야 상대가 날 선 공격을 하는데 어떤 연사가 당황하지 않겠는가? 오히려 그럴 때는 더 온화한 모습으로 상대를 바라보면 연사의 에토스는 더 올라갈 것이 분명하다. 두 후보 사이의 공방이 오갈 때, 문××후보는 침묵으로 일관했다. 아쉬운 장면이다. 에토스를 통해 시청자의 마음을 얻을 수 있는 기회를 놓쳐버린 것이다. 만약 문 후보가 "이 후보께서는 그래도 정치 선배인 박 후보에게 예의 좀 갖추시길 바랍니다."라고 말했으면 어땠을까?

청중을 분석하라

전에 이런 경험이 있었다. 한 지방자치단체장이 실버관광 도우미를 만들어 노인 일자리를 만들 계획을 세웠다. 나도 프로그램 중 하나를 맡았다. 도우미로서 알아야 할 기본적인 화법을 얘기해달라는 주문을 받았다. 나는 흔쾌히 승낙하고 강의안을 준비했다. 나는 나이가 지긋하신 할머니, 할아버지들과 대화하는 것을 평소 즐겼다. 그래서 그 분들과 편안히 수다를 떨면서 강의를 진행하겠다고 생각했다. 1시간 전 강연장에 도착해 교육원장과 차를 마시며 담소를 나누었다. 원장이 내게 "혹시 수강생들의 이력에 관심이 있나요?"라고 물었다. 나는 "당연하죠! 청중을 더 잘 이해하게 되어 강연에도 큰 도움이 된답니다."라고 답하며 건네준 명단을 받았다. 순간 당황스러웠다. 강의를 준비하면서 생각했던 청중 유형이 아니었다. 나는 보통 수준의 할머니, 할아버지들이 소일거리로 참가하는 줄 알았다. 당연히 강연 내용도 그 분들에 초점을 맞추어 준비했다. 명단에 적힌 수강생들은 대부분 교장, 장학사, 교육장, 학예연구사 등의 경력을 갖고 있었고 영어와 일어 등 외국어도 구사하는 교양 높은 청중들이었다. 나는 담소를 멈추고 남은 시간을 활용해 교안에 담을 내용을 조정해나갔다. 연사가 청중에 대해 정확히 아는 것이 얼마나 중요한지 실감했던 시간이었다.

수사학이 가진 매력 중 빼놓을 수 없는 것은 항상 청중을 염두에 둔다는 사실이다. 하기야 청중이 듣지 않는데 연사가 아무리 그럴 듯하고 적절한 말을 해봤자 무슨 소용 있겠는가? 말짱 도루묵이다. 그래서 청중에 대해 아는 것은 매우 중요하다. 우선 기본적으로 청중이 어떤 부류의 사람들인지 알아야 한다. 예를 들어, "교양은 어느 수준인가?", "무엇을 선호하는가?", "어떤 계층에 속하는가?", "남성인가 여성인가?", "나이는 얼마인가?" 등 여러 가지를 따져보아야 한다.

키케로는 연사가 청중의 생각과 호흡을 함께 해야 한다고 강조하면서 연사는 두 종류의 청중이 있다는 사실을 알고 있어야 한다고 말했다. 무지하고 교양 없는 사람들과 품격이 우러나고 교양 있는 사람 말이다. 교양 없는 사람은 항상 명예보다 이익을 추구하고 교양 있는 사람은 무엇보다 명예를 중시한다. 키케로의 말을 좀 더 들어볼까? 교양 있는 사람들은 칭찬, 명예, 명성, 신뢰, 정의 그리고 온갖 종류의 미덕을 귀하게 여긴다. 반면, 교양 없는 사람들은 이익, 수입, 소득을 먼저 챙긴다. 이런 사람들을 설득하려면 명예나 덕을 앞에 놓으면 안 되고 심지어 쾌락까지 치켜세울 필요가 있다. 키케로는 사람들은 좋은 것을 추구하기보다 나쁜 것을 피하는 것을 선호한다는 이야기도 계속 들려준다. 사람들은 명예를 추구하는 것보다 모욕을 피하는 데 노력을 기울인다고 한다. 모욕을 느끼는 순간 인간은 고통을 감내해야 한다는 것인데 이 대목에서 인간의 본성은 원래 선한 것이라는 키케로의 인간관을 엿볼 수 있다. 교육이 잘못되었고 나쁜 생각과 말 때문에 선한 인간이 오염되었다는 견해를 펼친다. 당신이 움직여야 할 청중은 어떤 사람들인가? 키케로의 청중분류법을 적용하면 아쉬운 대로 청중의 마음을 얻는 데 도움이 되지 않을까?

청중을 분석할 때 빼놓을 수 없는 것이 있다. 바로 청중의 입장을 이해하려고 노력하는 것이다. 언어가 가진 한계 때문에 우리는 종종 오해하는 상황을 맞는다. 이럴 때 "과연 언어를 통해 서로 이해한다는 것이 가능한가?"라는 생각이 든다. 특히 이해가 걸려 있어 상대의 입장과 팽팽히 맞설 때, 의견이 좁혀지지 않을 때, 상대의 입장에서 생각해보는 것이다. 이렇게 하기 쉽지는 않다. 내 생각이 옳으므로 내 생각을 끝까지 밀고나갈 수밖에 없다는 내면의 아우성과 끊임없이 부딪치며 대화해나가야 한다. 김건모의 노래가 생각난다. "입장바꿔 생각해봐…"도道의 경지에 가까이 갈 수 있는 길. 언어 이전에 마음이 중요하다는 말이다. 이심전심以心傳心은 이럴 때 딱 어울린다. 그것이 어려울 때는 어떡하면 좋을까? 소크라테스의 말이 생각난다. 그는 상대방의 언어로 대화하라고 권한다. 시장에서는 상인의 언어로 말하고 목수들과 이야기할 때는 그들의 언어를 사용하라는 것이다. 상대의 눈높이에서 말하는 것, 상대와 어법 차이를 줄이는 것이 필요하다는 말이다.

흔히 대화가 단절된 곳에서 볼 수 있는 현상은 서로 말을 잘 이해하지 못하는 것이다. 말 뜻을 알 수 없는데 어떻게 대화가 진척되겠는가? 학생은 선생님의 말씀을, 부하는 상사의 말을 잘 알아듣지 못하는 경우가 종종 발생한다. 모두 알고 있을 거라고 생각하고 말하기 때문이다. 그러나 사실 그렇지 않다. 개구리 올챙이 적 생각도 하지 않고 일장 연설을 늘어놓아서는 안 된다. 제대로 경험이 축적되지 않은 상대를 배려하는 말을 해야 한다. 그래야 소통이 가능하다.

우리는 모두 교양이 높아지기를 원한다. 교양이 높다는 것이 무엇을 뜻하는가? 대단한 것을 매우 쉽게 설명하는 것 아닌가? 어려운 이야기를 늘어놓는 사람을 우리는 현학적인 인간이라고 부른다. 이런 부류의 사람은 이야기 능력이 떨어진다. 이야기를 쉽게 하지 못하는 사람은 이야기 대상을 아직 제대로 이해하지 못한 사람이다. 그래서 지식은 눈으로 보거나 읽는 것이 아니라 말을 해봄으로써 확실해지는 것이다. 말로 쉽게 전달할 수 있고나서야 비로소 확실한 자기 것이 된다. 그런데 이 모든 것이 청중의 입장을 잘 헤아리고 그가 어떤 유형인지 이해한 후에 일어나는 일이다.

한편 청중이 연사에게 호감이 있는지 여부는 연설에 많은 영향을 미친다. 그래서 연사는 청중 성향에 따라 연설 구성 방식은 물론 감정적인 측면에 대한 고려도 그때그때 바꿔야 한다. 예를 들어, 청중이 연사에게 호감이 있다면 논리적인 측면보다 서로 공감대를 확인하는 쪽으로 연설하면 될 것이다. 그리고 자신의 주장을 먼저 던져도 큰 무리가 없다. 하지만 연사와 생각이 다른 청중 앞이라면 감정을 배제하고 논리에 더 신경써야 하며 주장도 먼저 하는 것보다 뒤로 미루는 것이 더 효과적이라는 말이다. 청중에 대한 이해를 도모했으니 이제 내 주장의 유형을 따져보자. 사실 연설 유형도 청중에 따라 나누어진다.

연설의 유형을 알고 있어라

연사는 자신의 연설이 어떤 유형인지 알고 있어야 한다. 아리스토텔레스는 청중을 준거로 삼아 청중이 연사의 말을 듣고 심사숙고하는 연설과 그런 고민을 하지 않고 단지 즐기면 되는 연설로 분류했다. 먼저 청중이 심사숙고해야 하는 두 가지 연설 유형을 설정하고 여기에 시간 범주를 개입시킨다. 이미 일어난 일에 대해 판단하는 청중과 아직 일어나지 않은 일을 결정해야 하는 청중으로 나누고 전자를 법정 연설, 후자를 의회 연설이라고 했다. 그리고 의례적으로 미덕을 들어 칭찬하는 연설을 식장 연설이라고 했다.

식장 연설은 각종 예식의 연설로 칭찬이 주를 이루기 때문에 칭찬 연설로도 불리고 칭찬 대상의 장점을 과장해 돋보이게 하므로 과시 연설로도 불린다. 특정 대상이 가진 훌륭함을 최대한 드높여 칭찬하는 연설이다. 식장 연설에서 사용되는 논거는 미덕이다. 미덕이 있으면 칭찬하고 없으면 비난한다. 이 연설에서는 청중의 감동을 불러일으키는 것이 중요하다. 해당 인물의 가문, 교육, 교양, 성격 등을 집중적으로 조명하고 해당 인물의 생각, 말, 행동을 미덕의 종류와 연관시켜야 한다. 그리고 해당 인물과 관련된 일의 원인과 결과를 효과적으로 다룰 수 있어야 한다. 흔히 듣는 결혼식 주례사가 바로 식장 연설이다.

저는 신랑 김 영석 군과 사제의 연으로 이 자리에 서게 되었습니다. 제가 기억하기에 김 군은 매우 총명할 뿐만 아니라 성실해 타의 모범이 되는 학생이었습니다. 수업시간에 보여준 날카로운 질문, 문제를 제기하고 해결하기 위해 끊임없이 탐구하는 김 군의 모습이 지금도 눈에 선합니다. 김 군은 졸업 후, 영국 유학 중에도 정기적으로 제게 안부를 묻곤 했고 직장생활에서도 시간을 내 스승을 찾아보는 예의바르고 인정 많은 젊은이입니다. 신부 주 은미 양도 그 사이에 몇 차례 접할 기회가 있었습니다. 주 양은 요즘 보기 힘든 반듯한 규수입니다. 여러분께서 보시는 바와 같이 신부 주 은미 양은 태도가 매우 공손할 뿐만 아니라 남의 말을 잘 들어주는 훌륭한 청자이자 교양미가 물씬 풍기는 아름다운 신부입니다.

아마도 하객들이 미루어 짐작하겠지만 상당 부분 부풀리기가 허용되는 이야기다. 물론 내 주례사는 사실에 입각한 이야기다. 조금

부풀려도 괜찮다. 어차피 정말 그러냐고 따지는 사람은 없을 테니까. 청중은 관객의 역할을 한다고 할까? 그냥 즐기면 된다. 판단하거나 결정을 내려야 하는 청중에게 하는 연설은 다르다. 어떤 연설이 있을까? 우선 지난 일의 시시비비를 가리는 법정 연설을 볼까?

　법정 연설은 과거의 사안에 대해 그 행위가 적법한지 여부를 따져 그 책임 소재를 추궁하는 형식을 취하므로 재판 연설로도 불린다. 꼭 법정에서 하지 않더라도 시시비비를 따지는 연설은 이 범주에 속한다. 위법 행위 혐의를 받는 사람을 고발하거나 변호하는 연설이다. 고발 연설은 3단계로 구성된다. 피고가 범죄 행위를 저지르고 그 행위의 책임이 피고에게 있으며 그 행위의 결과가 용서받을 수 없음을 입증하는 방식으로 구성된다. 변호 연설은 피고가 범죄 행위를 하지 않았음을 입증해야 한다. 그런 행위를 할 물리적 가능성과 이유가 없음을 주장하고 기소 사실을 부인해야 한다. 만약 행위 자체를 부인할 수 없는 경우에는 행위의 책임이 피고 자신에게 없다는 것을 입증해야 한다. 강요나 명령에 따랐기에 행위가 불가피했다고 주장해 책임을 다른 사람에게 전가시키거나 행위의 이유를 적절히 설명해야 한다. 예를 들어, 더 많은 사람을 살리기 위해, 더 큰 피해를 막기 위해 그런 행위를 했거나 상대가 먼저 공격해 정당방위이고 아이의 수술비 때문에 그만 절도했다는 식으로 입증할 수 있다. 그런데 이렇게 변명하더라도 행위의 직접적인 책임을 면하기 어려운 경우에는 행위의 결과를 최대한 축소해 형량을 최소화시키기는 데 힘써야 한다.

의회 연설은 각종 의회에서 하는 연설로 한 단체의 미래 사안에 대한 정책이나 규칙을 정하기 위해 심의하는 연설이므로 심의 연설 또는 정책 연설로도 불린다. 시간적으로는 미래 사안과 관련되어 있고 자신의 의견을 권유하고 상대의 의견을 만류하는 것이 주를 이룬다. 의회 연설은 개인과 단체에 최대한 이익이 되며 손해를 최소화하는 것이 관건이다. 따라서 연사는 사안에 대해 최대한 이익을 추구하고 손해를 최소화하는 방책을 제시해야 한다. 반대로 상대의 의견대로 하면 이익을 덜 얻거나 손해를 본다는 점을 입증하면 신뢰를 얻을 수 있다. 또 자신이 내놓은 방책이 상대방의 방책보다 효력이 더 지속적이고 항구적이라는 사실을 보여줄 수 있다면 설득력은 배가 된다. 최선과 차선을 결정하고 장기 계획과 단기 계획을 비교할 수 있어야 하므로 연사는 비교의 논거를 능숙히 활용할 줄 알아야 한다.

　의회 연설은 "무엇이 손해이고 무엇이 이익인가?"라는 논쟁보다 어떻게 하면 이익을 얻고 손해를 피할 수 있는지 확실히 제시할 수 있어야 한다. 따라서 목표에 이르는 구체적인 방책과 그 실행 가능성이 핵심 쟁점이 된다. 반박할 때는 상대가 자신보다 훨씬 유리한 결과를 낼 것으로 예상되는 경우에도 그 주장이 실현 가능성이 없거나 매우 낮으며 실패할 경우, 손해가 막대하다는 것을 보여주어야 한다. 이런 점에서 미래 사안과 관련된 '실현 가능성'의 논거를 능숙히 활용해야 한다. 아울러 청중의 신뢰를 얻기 위해 사안과 관련된 과거 사례를 제시하면 효과적이다. 예를 들어,

"이런저런 상황에서 이러저러해 손해를 보았다"라든지 "현재의 상황이 그때와 비슷하니 그렇게 하면 안 되고 이렇게 해야 한다"라고 말할 수 있어야 한다. 연설 구성도 특별히 신경써야 하는데 사안 설명 부분은 청중이 숙지하고 있기 때문에 생략할 수도 있다. 하지만 마무리 부분에서는 자신의 방책이 가져올 결과에 대한 기대와 희망을 고조시키고 상대의 방책을 따를 경우 맞을 손해와 위기에 대한 불안감을 강조하도록 파토스를 불러일으킬 수 있어야 한다.

연설 유형	청중	시간	장소	목표	논거	목적	토론 유형	보기
의례형 식장 연설	관객	현재	식장	아름다움 추함	미덕	칭찬 비난	가치 토론	축사 추도사
법정형 법정 연설	심판관	과거	법정	정의 불의	형평성	변호 고발	사실 토론	고발문 변호문
심의형 의회 연설	심판관	미래	의회	유익 해악	유용성 실행 가능성	권유 만류	정책 토론	정책 연설 광고

문제를 제기하라

기원전 92년, 로마에서 일어난 사건이다. 코포니우스라는 사람이 있었는데 태어날 아들에게 재산을 물려준다는 유언장을 남기고 죽었다. 그는 아내가 임신한 것으로 알았지만 사실 임신하지 않은 상태였다. 유언장 집행을 앞두고 아이의 후견인으로 지정된 쿠리우스와 죽은 코포니우스의 친척인 마르쿠스 코포니우스 사이에 소송이 벌어졌다. 자! 당신이라면 어느 편을 들겠는가? 양측이 선

당신은 어떤 말을 하고 있나요?

임한 변호사들은 당대 최고다. 법률 지식이 가장 탁월할 뿐만 아니라 언변도 뛰어난 퀸투스 스카이볼라와 수사학에 정통한 크랏수스가 나서 의뢰인을 대변한다. 스카이볼라는 상속권은 유언의 문서 기록에 근거한다고 주장한다. 만약 유복자가 실제로 태어나지 않았고 후견인의 보호가 필요하지 않은 나이가 되기 전에 죽지도 않았다면 '유복자로 태어나 죽은 아들'에 이어 상속인으로 지정된 자는 상속인으로 지명될 수 없다는 주장을 견지했던 것이다. 크랏수스는 유언 작성자의 원래 취지를 살려 유언장을 해석해야 한다고 주장한다. 앞으로 태어날 아이의 후견인이 쿠리우스이고 아이가 성숙한 나이가 되기 전에 사망할 경우, 후견인으로 지정된 쿠리우스를 상속인으로 지명하는 것이 유언장 작성자인 코포니우스의 원래 의도였으므로 쿠리우스가 상속인이 되어야 한다는 것이다. 이 소송은 바로 법정에서 문언文言의 엄격한 적용을 따를 것인지, 문언을 작성한 사람의 취지나 생각을 따를 것인지에 대한 재판이라고 할 수 있다. 결과가 어떻게 되었을까? 배심원들은 크랏수스의 손을 들어주었다. 키케로는 크랏수스가 승소한 원동력이 법률 지식도 철학 지식도 아닌 수사학적 유머 능력이었다고 전하고 있다.

우리는 살아가면서 여러 문제를 만난다. 어떤 관점, 어떤 입장에서 문제를 풀어가는가에 따라 형세를 인식하고 상대의 반박에 효과적으로 대처할 수 있다. 특히 리더는 쟁점을 두고 편파적인 논쟁이 벌어질 때, 상황을 어떻게 받아들이고 자신은 어떤 관점에서 말해야 하는지 알아야 한다. 따라서 문제 제기 방식에 대한 이해는 리더의 기본 조건이다. 문제를 해결하기 위해 뭔가 발견했을 때, 이것을 곧바로 질문 형식으로 바꾸어 표현할 수 있어야 한다. 이 질문 형식들을 일반화하고 체계화한 것이 바로 수사학의 쟁점stasis 이론이다.

쟁점 이론은 공방이 벌어졌을 때, 문제 제기 방식으로도 이해할 수 있는 것으로 크게 두 가지 측면에서 생각해볼 수 있다. 문제 제기가 일반적이고 보편적인 조항을 다루는 것인지 아니면 이 일반 조항에 인물이나 시간이 개입되어 일어나는 구체적인 사건을 다루는 것인지로 나누어 볼 수 있다. 여기서는 구체적인 사건, 그 중 법정 공방을 중심으로 살펴보자. 맨 먼저 제기되는 질문은 "무슨 일이 일어났는가, 일어나지 않았는가?"이다. 이 단계를 추정 단계라고 한다. 이 단계에서 한 쪽이 "그런 일이 일어나지 않았다."라고 하면 더 이상 진전되지 않는다. 그런데 "그렇다"라고 하면 그 다음 단계로 넘어간다. "그것은 무엇인가?"라고 묻는 정의 단계다. 종종 우리는 특정 사건을 놓고 이름을 붙이는 단계에서 이해당사자들의 팽팽한 줄다리기를 볼 수 있다. 예를 들어, 뇌물 수수 사건을 놓고 한 쪽에서는 "선물이다", 다른 쪽에서는 "뇌물이다"라고 항변하는 모습 말이다. 그래서 똑같은 사건도 입장에 따라 스캔들이 되고 게이트가 된다. 지난한 공방을 거쳐 이름붙으면 그 다음으로 넘어간다. "그것은 어떤가?"를 묻는 성격 규정 단계다. 행위의 정당성을 묻는 단계라고 할 수 있다. 이 단계는 주로 행위를 정당화하거나 행위의 이유를 변명하는 요소로 구성된다. 예를 들어, "의도한 것이 아니라 어쩔 수 없이 한 일이다."라고 말이다. 여기까지가 수사학의 쟁점 이론의 골자인데 법정에서는 하나 더 추가된다. 바로 절차 문제를 다루는 것이다. 법정 공방의 근간인 쟁점 구성 이론이 수사학에서 생겼다는 것을 확인할 수 있는 대목이다.

쟁점 이론을 더 쉽게 이해하기 위해 클린턴 전 미국 대통령과 르윈스키 양의 성 스캔들을 쟁점 이론으로 재구성해보자. 먼저 백악관 집무실에서 "그런 일이 일어났는가?" 즉 "두 사람이 성적 행위를 했는가?"에 대한 물음이 제기되었다. 추정 단계다. 만약 그런 일이 없었다는 것이 입증되면 거기서 끝난다. 그런데 그런 일이 일어났다는 사실이 밝혀졌다. 이제 "일어난 사실을 무엇이라고 이름붙일까?"에 대한 정의 단계가 문제가 된다. 클린턴은 선제적으로 대응한다. 먼저 자신의 행위에 대해 '부적절한 관계inappropriate relationship'라고 이름붙였다. 매우 두루뭉술한 말이다. 법률적으로 정확히 말하면 부적절한 관계가 아니라 불륜 관계다. 불륜 관계라고 이름붙이면 대통령의 체면이 어떻게 되겠는가? 클린턴의 의제 선점 능력이 돋보이는 대목이다. 자신이 먼저 프레임을 짜고 그 범위 안에서 의제를 다루려는 속내를 엿볼 수 있다. 이름이 붙여졌으니 이제 사건의 성격을 따질 일이 남았다. 성격 규정 단계다. 클린턴은 또 기지를 발휘한다. "그런 일이 계속되지 않았다.", "백악관은 외로운 감옥이다." 등의 말을 늘어놓으며 행위가 지속되지 않았고 업무에 시달리다가 잠시 일탈했다는 변명으로 자신을 변호한다. 야당도 물러서지 않는다. "이것은 단순한 사건이 아니므로 탄핵으로 이어져야 한다."라고 주장한다. 클린턴의 발뺌은 계속된다. "어떻게 개인 사생활이 탄핵 대상이 되는가?"라는 물음을 던지며 절차상 하자가 있다고 강변하며 자신의 입장을 유리한 쪽으로 계속 끌고 간다.

살펴본 대로 수사학의 쟁점 이론은 논쟁에서 핵심 쟁점들을 가려내고 이것들을 논증에서 적절히 엮어내는 데 유용한 화제들을 발견하며 주어진 쟁점에 대한 자신의 입장을 적극적으로 표명하는 데 도움을 줄 수 있는 체계를 제공한다. 쟁점 이론은 뒤에서 다룰, 논거를 찾거나 입증하는 과정에서도 중요한 원리로 작동한다.

논거를 찾아라

논거를 찾는 것은 신뢰를 얻는 과정에서 매우 중요하다. 논거는 논증의 타당한 근거라고 할 수 있다. 고대 사람들은 이 논거가 특정 장소에 들어 있다고 보았다. 그래서 논거들을 모아놓은 기억의 창고에서 그때그때 주어진 상황에 걸맞는 말감을 찾아올 수 있는 사람은 신뢰를 얻기 위한 교두보를 확보할 수 있었다. 어떤 말이 신뢰를 얻는가? 신뢰를 얻는 말은 무엇보다 그럴 법해야 한다. 그럴 법한 말을 하기 위해 논의의 출발점으로 삼는 것이 있는데 고대 사람들은 이것을 토포스topos라고 불렀다. 토포스란 원래 장소, 위치, 터, 지점 등을 뜻하는데 논리학에서는 '논의하기 위한 터전'으로, 수사학에서는 '설득을 위한 수단'으로 사용한다. 그리고 철학에서는 주로 삼단논법이나 입증의 수단 체계로 이해하고 문학에서는 상투적인 문구나 상용 기법으로 사용된다. 이 말의 복수형인 토포이topoi는 '논의하는 방법들', '논리적 규칙들', '논거 체계'

를 총칭하는 말이다. 토포스는 말이 들어 있는 장소라는 뜻의 말터와 논거가 들어 있는 보물 창고라는 뜻의 논고라는 용어로 번역되고 있다. 그러나 말터라고 하면 왠지 장소만 있고 장소를 채우고 있는 내용물이 빠져 있는 것 같고 논고라고 하면 법정 변론이 떠올라 여기서는 '말 곳간'이라고 부르겠다.

곳간이 잘 정리되어 있으면 물건을 쉽게 찾을 수 있다. 그래서 곳간에 품목 표시를 붙여 둔다. 수백만 권이 소장되어 있는 도서관에서도 책 찾는 작업은 간단하다. 색인표를 찾아가면 된다. 말 곳간에도 분류 체계가 있다. 요즘으로 치면 인터넷 포털 사이트의 검색 창고쯤 될 것이다. 찾고 싶은 것이 있으면 연관 단어를 치면 무수한 정보를 끄집어낼 수 있지 않은가? 고대 수사학자들은 말 곳간 체계를 나름대로의 방식으로 분류했다. 아리스토텔레스는 기술이 필요한 논거와 기술이 필요 없는 논거로 분류했다. 기술이 필요 없는 논거란 증인, 고문, 계약서처럼 올바로 사용하기만 하면 되는 것이고 기술이 필요한 논거는 기술을 이용해 발견해야 하는 것을 말한다. 기술이 필요한 논거들을 정리한 책이 바로 『변증론토피카 Topika』이다.

키케로도 아리스토텔레스의 아이디어를 받아들여 사안 자체 안에 들어 있는 논거와 외부에서 끌어온 논거로 분류하고 있다. 사안 자체 안에 들어 있는 논거는 기술이 필요한 논거로 정의, 비교, 원인, 결과 등이 있고 외부에서 끌어온 논거는 기술이 필요 없는 논거로 문서, 계약, 권위 등이 있다. 키케로도 『토피카』를 저술했는데 철저히 실용적인 차원을 고려했다는 점에서 아리스토텔레스의 『토피카』와 차이가 있다. 법정에서 사용할 수 있는 유용한 논거들을 사례에 맞게 정리하고 있다. 하기야 급박한 상황에서 쓴 책이라 엄밀한 체계를 기대하기는 어려웠을 것이다. 정치적 생명의 타격을 받고 쫓기는 형국에 배 위에서 쓴 것으로 알려져 있다. 얼마나 처절한 글쓰기인가? 키케로는 글쓰기를 통해 자신을 치유할 수 있었다고 고백한 적이 있다.

퀸틸리아누스는 우리가 다루고 있는 이야기들의 출처가 대부분 사람이나 사안과 관련된 것으로 보고 토포스를 분류했다. 사람에 대해 이야기할 때는 나이, 성별, 교육 등으로 분류해 언급하고 사안을 다룰 때는 시간, 장소, 원인 등으로 나누어 논의를 진전시킬 수 있다. 퀸틸리아누스가 분류한 논거 체계는 다음과 같다.

사람	사안
혈통, 민족, 국가, 성별, 나이, 교육, 신체, 운명, 신분, 본성, 직업, 선호, 행적, 이름	이유, 장소, 시간, 양태, 가능성, 정의, 유사성, 비교, 허구, 부대상황

사실, 따지고 보면 우리가 사용하는 말은 모두 말 곳간에서 나온다. 위의 논거 체계를 좀 더 상세히 설명하겠다.

논거	설명	사례
국가	법률 · 풍속 · 풍습 · 삶의 형태는 국가마다 다를 수 있다	독일인은 근검 절약하다

당신은 어떤 말을 하고 있나요?

성별	행동방식은 성별에 따라 차이날 수 있다	여자의 몸으로 그런 일을 하다니 놀랄 따름이다
나이	행동방식은 나이에 따라 차이날 수 있다	노년기에는 현명해진다
교육	교육은 특정 행동방식에서 결정적 요인이다	제대로 교육받은 사람은 남을 배려할 줄 안다
신체	신체의 특징은 행동의 이유를 제공할 수 있다	제가 이렇게 키도 작고 병약한데 어떻게 저 큰 사람을 괴롭힐 수 있겠어요?
신분	사회적 신분 차이는 행동방식의 차이를 제공한다	노예의 시선은 강자의 덕에 대한 적개심에 가득 차 있다
본성	본성에 따라 다양한 논거가 나올 수 있다	이순신 장군은 공평무사를 삶의 원칙으로 삼았다
직업	직업이나 활동의 종류에 따라 전혀 다른 영향력을 행사할 수 있다	의사는 결혼을 뜨거움으로 시작해 차가움으로 끝나는 열전도라고 부른다. 화학자는 단순한 친화력이라고 부르고 약사는 진정제라고 부른다. 수학자는 두 개의 주어진 숫자로부터 쉽게 제 3의 숫자가 도출되는 방정식이라고 부르고 법률가는 계약이라고 부른다
이름	이름이나 별명이 성격을 추정하도록 해준다	김 교수는 긍정 대마왕이다
이유	이미 일어났거나 앞으로 일어날 행위의 이유로부터 논거를 찾을 수 있다	우리는 대부분 좋은 일을 하려고 하고 나쁜 일은 피하려고 한다
장소	제시된 논거가 신빙성이 있는지 여부는 장소로부터도 찾을 수 있다	그 곳은 한적해 범행하기 딱 좋은 장소 아닌가?
시간	논거를 시간으로부터 도출할 수 있다	어떤 행위자가 아직 세상에 태어나지도 않았는데 뭔가 저질렀다는 말이 성립 가능한가?
비교	논거를 비교로부터 만들어낼 수 있다	드러내놓고 쉽게 거짓말하는 사람은 위증도 할 것이다

이 논거들은 또 각각 하위 논거로 나눌 수 있다. 예를 들어, 시간을 언급할 때, 그 시간이 하루 중의 시간인지, 1년 중의 시간인지, 일주일 중 특정 시간인지에 따라 또 이 시간들이 기념일인지, 무슨 의미가 있는 날인지 따져 이야기를 끌어갈 수 있다. 여기서 중요한 것은 발견한 논거라고 모두 써서는 안 된다는 사실이다. 꼭 필요한 논거와 그렇지 않은 논거를 구분해야 한다. 문제는 곳간에 있는 말을 어떻게 끄집어내 사용할 수 있는가다. 연사가 말 곳간에서 논거를 어떻게 끌어쓸까? 김 구 선생의 유명한 연설 〈나의 소원〉의 한 대목을 보자.

네 소원이 무엇이냐고 하느님이 물으신다면 나는 서슴지 않고 "내 소원은 대한독립이오."라고 대답할 것이다. 그 다음 소원은 무엇이냐고 물으면 나는 또 "우리나라의 독립이오."라고 대답할 것이오, 또 그 다음 소원이 무엇이냐고 물어도 나는 더 소리 높여 "나의 소원은 우리나라 대한의 완전한 자주 독립이오."라고 대답할 것이다.

우리가 김 구 선생의 마음 속에 들어갈 수는 없지만 아마도 이랬을 것이다. "무엇보다 한국인들의 민족혼을 불러 일으켜야겠다. 그러려면 어떻게 해야 할까? 우선 민족의 정의를 내리면서 시작할까? 아니면 우리 민족의 운명에 대해 말할까? 아니면 내 꿈을 펼치면서 시작할까?" 이런 구상을 하다가 문득 "민족이 외세에 종속되지 않고 완전한 자주를 누리면서 살아가는 길을 찾아야겠다."라는 생각에 이르고 이것을 자신의 소원과 연결했을 것이다. 이런 고민 끝에 "나의 소원은 대한독립이다."라는 명제가 얻어졌을텐데 이것을 말 곳간 분류 체계에 맞추어 색인표를 붙이면 '정의定義'라고 할 수 있다. 즉 "나의 소원을 대한독립이라고 정의내릴 수 있다."라는 말이다. 김 구 선생은 정의로 이루어진 핵심 문장, "나의 소원은 대한독립이다."에 살을 붙여 청중의 신뢰를 얻고 청중의 마음을 움직이는 문장들을 만들어냈던 것이다.

자! 이제 말 곳간을 활용한 논거 찾기를 이해했는가? 말 곳간은 사람마다 다르다는 것을 눈치챘을 것이다. 곳간에 물건이 가득한 사람은 열심히 산 사람이다. 부지런한 사람의 곳간은 정리가 잘 되어 있다. 말 곳간도 마찬가지다. 당연히 교양 높은 사람의 말 곳간이 풍성하고 체계적으로 이루어져 있을 것이다. 그럼 곳간을 어떻게 풍성하게 만들고 잘 정리할 수 있을까? 무엇보다 삶에 대한 다양한 경험이 있으면 좋을 것이다. 실천에 필요한 지혜를 쌓을 수 있기 때문이다. 그런데 그게 어디 쉬운 일인가? 그래서 독서를 권한다. 독서를 통해 간접 체험을 할 수 있지 않을까? 독서는 우리의 삶을 되돌아보게 할 뿐만 아니라 우리에게 풍성한 말감을 제공해준다. 뭔가 들은 것이 있어야 말할 수 있지 않겠는가? 누구와 어떤 주제의 이야기를 나누더라도 대화가 끊기지 않는 사람, 바로 말 곳간이 풍성한 사람이다. 나만의 말 곳간 체계를 만들어보면 어떨까?

떠오르는 생각을 지도처럼 정리해 갖고 있으면 말감을 찾을 때는 물론 글감을 찾을 때도 요긴히 쓸 수 있다.

● ●

감동

수사적 소통은 듣는 사람의 마음을 얻는 데 방점을 찍기 때문에 말이 논증적이고 믿을 만하다는 데 그쳐서는 안 되고 말하는 사람의 성격을 드러내고 듣는 사람이 어떤 감정인지 아는 것이 중요하다. 그래야 일어난 일에 대해 시시비비를 가릴 때나 해야 할 일을 결정하기 위해 판단을 앞두고 있을 때, 듣는 사람의 마음을 자신 쪽으로 끌어올 수 있다. 똑같은 사안도 청중이 사랑하는 마음이 있는지, 분노하고 있는지 평온한 상태인지에 따라 판단이 달라진다는 것은 누구나 아는 사실이다. 누군가를 좋아하면 그가 죄가 없거나 거의 없다고 생각하는 반면, 누군가를 미워하면 정반대의 판단을 할 것이기 때문이다. 그래서 말하는 사람은 감정의 속성을 알아야 한다. 감정을 이해하기 위해 무엇을 알아야 할까?

감정의 본질을 이해하라

아리스토텔레스는 연사가 말할 때, 감정을 고려하기 위해 다음의 3가지를 숙지해야 한다고 전한다. 분노라는 감정을 예로 들어 설명해보자. 연사는 첫째, 분노하는 사람은 어떤 상태인지, 둘째, 누구에게 분노하는지, 셋째, 왜 분노하는지 알아야 한다. 그래야 연사는 청중에게 분노를 일으킬 수 있다. 다른 감정도 마찬가지다. 아리스토텔레스는 여러 감정 중 분노, 진정, 사랑과 미움, 두려움과 평온, 수치와 파렴치, 친절과 불친절, 동정, 의분, 질투, 경쟁을 선정해 앞에서 언급한 3가지 차원을 기준으로 잘 정리하고 있다.

대립되는 감정 쌍	
분노	진정
미움	사랑
두려움	평온
파렴치	수치
불친절	친절
의분	동정
질투	경쟁

여기서는 분노를 바탕으로 설명하겠다. 호메로스의 서사시 『일리아스』는 여신에게 분노를 노래해 달라고 청하면서 이야기가 시작된다. 아킬레우스는 왜 분노했을까? 애인인 브리세이스를 부당한 방법으로 빼앗겼기 때문이다. 아리스토텔레스가 『수사학』에서 제시하고 있는 방식으로 아킬레우스에 대입해 분노를 설명해보자. 우선 아킬레우스는 어떤 상태인가? 격노한 상태에 빠져 일체의 전투에 나서지 않고 분을 삭이느라 정신이 없다. 심지어 자신의 명예를 실추시킨 아가멤논을 죽이려고까지 했다. 어쨌든 격노한 상태에

빠지다가 슬픔의 감정에 빠져 눈물을 흘리기도 한다.

그럼 아킬레우스는 어떤 사람에게 분노하고 있나? 물론 아가멤논이다. 분노의 대상은 항상 특정 개인이 될 수밖에 없으니까. 왜 분노할까? 분노의 대상이 되는 그 사람, 여기서는 아가멤논이 아킬레우스가 가진 소중한 것을 부당한 방법으로 차지했기 때문에 분노의 감정이 생겼다.

자, 그럼 이렇게 분노에 빠진 아킬레우스를 어떻게 설득해 싸움터로 데려갈 수 있을까? 아가멤논은 3명의 장수를 회유 사절로 보낸다. 오뒷세우스, 포이닉스, 아이아스다. 세 명 모두 회유하는 데 실패한다. 호메로스는 아킬레우스의 분노를 정당한 것으로 묘사하고 있다. 즉 자신의 정당한 몫을 부당하게 빼앗겼으므로 당연히 분노할 수밖에 없다는 것이다. 그래서 아마도 세 명의 장수가 매우 설득력 있게 말했으나 아킬레우스의 마음을 돌릴 수 없는 것으로 묘사하고 있는 것 같다. 그런데 플루타르코스가 전하는 『모랄리아』에서는 현재는 전해 내려오지 않는 소포클레스의 한 작품에서 오뒷세우스가 아킬레우스를 설득해 싸움터에 나가게 했다는 대목이 나온다. 어떻게 설득했을까? 바로 아킬레우스의 자존심을 건드리는 모욕적인 발언을 했다고 한다. 완강한 아킬레우스에게 꾀돌이 오뒷세우스가 귓속말로 "너 혹시 헥토르가 무서워 이러고 있는 거지?"라고 말이다. 재미있는 설정이다.

어쨌든 상대를 설득하려면 논리만으로는 안 된다는 것을 잘 보여준다. 잘 알다시피 아킬레우스가 전쟁터에 나간 것은 사랑하는 친구 파트로클로스의 죽음 때문이다. 친구를 잃은 슬픔이 너무 커 분노로 변했고 그 분노는 복수심을 불타게 해 친구를 죽인 원수 헥토르를 죽이게 한다. 그래도 슬픔이 달래지지 않고 친구 생각이날 때면 죽은 헥토르를 전차에 매달아 끌고 다닌다. 이 광경을 보는 부모의 마음이 어땠을까? 바로 프리아모스 왕 말이다. 자식을 키워본 사람은 잘 알 것이다. 프리아모스는 용기를 내 아킬레우스를 찾아간다. 그리고 체면이고 뭐고 없이 아들을 죽인 원수 앞에 굴욕적인 모습으로 아들의 시체를 달라고 간청한다.

> 신과 같은 아킬레우스여, 그대의 아버지를 생각하시오! 나와 동년배이며 슬픈 노령의 문턱에 서 있는 그대의 아버지를… 혼자 남아 도시와 백성을 지키던 헥토르가 조국을 위해 싸우다가 얼마 전 그대 손에 죽었소. … 아킬레우스여! 신을 두려워하고 그대의 아버지를 생각해 내게 연민의 마음을 가지시오! 나는 그 분보다 더 동정받아 마땅하오. 나는 세상의 그 누구도 하지 못한 일을 하고 있소. 내 자식을 죽인 사람의 얼굴에 손을 내밀고 있으니 말이오.

사랑하는 아들을 죽인 원수의 발 앞에 엎드려 간청하는 아버지를 바라보며 아킬레우스는 아버지를 생각하며 또 죽은 파트로클로스를 생각하며 눈물을 쏟았다고 적고 있다. 이 둘의 화해 장면이 어쩌면 『일리아스』의 하이라이트라고 하겠다. 소중한 사람을 잃고 슬픔에 빠진 두 사람이 화해하는 장면으로 작품은 끝난다. 이 둘이 화해하는 것도 감정의 동화가 결정적인 역할을 한 셈이다. 분노와 슬픔의 하모니harmony, 감정의 정화가 중요하다는 생각을 떨쳐버릴 수 없다.

감정이 내용을 먹지 않도록 하라

이 정부에 참여한 장관들에게 이야기한 대로 의회에 말합니다. 내가 바칠 것은 피와 땀과 눈물밖에 없습니다. 우리는 가장 호된 시련을 앞두고 있습니다. 기나긴 투쟁과 고난의 세월이 우리를 기다리고 있습니다. 여러분은 우리의 정책이 무엇인지 묻습니다. 나는 답할 수 있습니다. 그것은 땅에서 바다에서 하늘에서 전쟁을 수행하는 것입니다. 신께서 우리에게 허락한 모든 힘과 우리의 모든 능력을 다해 인류가 저지른 개탄할 죄악의 목록 중에서도 가장 극악한 폭정暴政과 맞서 싸우는 것입니다. 이것이 우리의 정책입니다. 여러분은 우리의 목적이 무엇인지 묻습니다. 나는 한마디로 답할 수 있습니다. 그것은 승리입니다. 어떤 대가를 치르더라도 반드시 승리합니다. 모든 공포를 이겨내고 반드시 승리합니다. 승리에 이르는 길이 아무리 길고 험난해도 반드시 승리합니다. 승리하지 않으면 생존할 수 없습니다. 기필코 승리를 쟁취합시다. 승리하지 않으면 대영제국이 존속할 길이 없고 대영제국이 지탱해온 모든 것이 존속할 수 없습니다. 승리하지 않으면 인류가 그 숭고한 목표를 향해 전진하게 만드는 시대의 추동력도 존속할 수 없습니다. 나는 활기와 희망으로 내 과업을 떠맡습니다. 나는 확신합니다. 우리의 대의大義와 소명은 결코 실패하지 않을 것입니다. 이 시점에서 나는 모두에게 도움을 호소합니다. 자! 단결된 힘으로 함께 전진합시다!

제2차세계대전 당시 윈스턴 처칠이 영국 수상으로 취임하며 의회에서 토로한 연설의 일부다. 전쟁에 임하는 그의 태도를 엿볼 수 있다. 얼마나 비장한가? 그러면서도 감정을 절제하는 그의 모습이 느껴지지 않는가? 처칠의 이 연설은 명연설로 꼽힌다. 사안의 중차대함을 알리며 승리를 위한 그의 의지를 짧은 문장으로 담담히 그리고 있다. 감정이 고조되면서도 내용이 잘 드러난다. 청중의 감정을 불러일으키는 것은 연사가 신경쓰지 않을 수 없는 일이지만 무턱대고 감정만 불러일으켜서는 안 된다.

"왔노라, 보았노라, 이겼노라." 카이사르의 명언이다. 표현의 배경에 뭔가 대단한 것이 있다고 생각되지 않는가? 접속사를 생략하니 감정이 더 실리는 것 같다. "도도히 밀려오는 파도를 보며 나는 문득 이런 생각이 들었다." 활유법이다. 표현에 감정을 싣는 방법은 매우 다양하다. 개별 단어의 차원에서 시작해 단어를 연결하는 방법은 물론 목소리와 몸짓도 감정 표현에 큰 영향을 미친다. 이에 대해서는 뒤에서 상세히 다룬다.

시대를 막론하고 유행하는 표현 스타일이 있었다. 로마 공화정 말기, 지식인 사회에서 일어난 문체 논쟁은 꽤 유명한 사건이다. 문제의 발단은 키케로였다. 그의 표현을 보고 브루투스를 비롯한 젊은 지식인들이 트집을 잡는다. 표현에 감정이 들어가면 안 되는 것으로 알고 있던 사람들이어서 키케로의 표현이 마음에 안 든 모양이다. 그들은 감정보다 이성을 중시했고 간결하고 명확한 표현을 선호했으며 아테네의 뤼시아스의 문체를 모범으로 삼았으므로 아티카주의자로 불렀다. 그들과 대립적인 입장에 있는 사람들은 당연히 감정을 중시했고 간결한 표현보다 화려하고 웅장한 표현을 즐겨 사용했다. 사람들은 이들을 아시아 주의자라고 불렀다.

아티카 주의	아시아 주의
이성 중시	감정 중시
간결, 명확	화려, 웅장

키케로는 양쪽의 입장을 모두 받아들였다. 그도 그럴 것이 그는 절충주의자다. 그는 상황에 맞게 표현을 변주할 수 있어야 한다고 강조했던 인물이다. 당연히 감정 표현을 중시했다.

말은 글과 달리 논증을 통해 단순히 사실 관계의 이해에 머무

는 것이 아니라 궁극적으로 청중의 마음을 움직여야 하므로 연사
는 청중의 마음에 영향을 직접 줄 수 있는 내용과 방법을 숙지하
고 있어야 한다. 청중의 감정을 자극할 수 있어야 한다는 말이다.
감정에 대한 이해를 바탕으로 우선 표현에 감정을 어떻게 실을 수
있는지 따져보아야 할 것이다. 표현에 감정을 실을 때, 몇 가지 주
의할 사항이 있다. 우선 구체적이고 매력적인 표현을 만들 수 있
어야 한다. 확정된 사실을 인상적으로 만들기 위해 감성에 호소하
려면 표현이 멋져야 하는 것은 당연하다. 그리고 감정을 자극하는
표현을 만들 때는 사안의 목적을 항상 고려해야 한다. 사안보다
표현에 무게가 실리면 안 된다는 사실을 꼭 기억해야 한다. 감정
보다 내용이 훨씬 중요하다는 말이다. 그래서 감정이 내용을 먹지
않도록 각별히 신경써야 한다.

감정의 큰 줄기만 건드려라

감정을 자극하기 위해서는 표현에만 신경써서는 안 된다. 전하려
는 사안을 강조할 수 있어야 한다. 그러려면 신비스런 현상이나
유용해 보이거나 해로워 보이는 것을 사안과 연결시킬 줄 알아야
한다. 일반적으로 감동받을 만한 도덕적 가치를 드는 것도 효과적
인 방법이다. 부모에 대한 존경심, 가족이나 친구에 대한 사랑, 미
덕에서 드러나는 명예심으로부터 논거를 끌어내 이런 가치를 지
키라고 촉구할 수 있을 것이다. 만약 이런 가치를 손상시키는 사
람이 있다면 당연히 나무라면서 듣는 사람에게 증오가 일어나도

록 할 수 있어야 한다. 물론 이런 가치를 지키려다가 희생당한 사람에게는 연민의 감정이 일어나도록 할 수 있어야겠다. 감정을 자극할 때 주의할 사항이 있다. 세세한 부분들을 너무 자세히 설명하지 않아야 한다. 간략히 표현하라는 말이다. 야박하지만 이런 속담이 있다. "남의 불행으로 생긴 눈물은 금세 마르는 법이다." 청중의 감정을 자극할 때는 감정의 큰 줄기만 건드려야 한다.

연설 유형에 따라 감정을 자극하는 방식도 달라진다. 특히 논거를 잘 골라 이것을 효과적으로 연결해야 한다. 식장 연설에서는 긴장, 감탄, 유쾌함을 만들어낼 수 있는 논거를 고를 줄 알아야 한다. 법정 연설에서는 양측 입장이 갈리는데 원고는 청중의 분노를 이끌어내고 피고는 동정심을 유발할 수 있어야 한다. 물론 사안에 따라 원고도 동정심을 일으키고 피고도 분노를 일으켜야 할 때가 있다. 의회 연설에서는 권유하고 만류하는 입장에 따라 듣는 사람을 자신 쪽으로 끌어들이기 위해 필요한 감정을 불러일으켜야 한다. 장·단점을 열거하고 이에 대한 보기를 들 수 있다면 매우 효과적이다.

아리스토텔레스는 설득 수단으로 말의 논리 못지 않게 정서적 측면이 가진 힘을 강조했다. 이것이 바로 설득의 3요소인 에토스, 파토스, 로고스다. 각 속성을 잘 아는 것이 연사의 임무다. 물론 설득 수단 중 로고스에 주도적인 지위를 부여했지만 경우에 따라 로고스의 중심이라고 할 수 있는 약식 추론을 사용하지 말라는 충고도 아끼지 않았다. 그의 말을 직접 들어보자.

네가 파토스를 불러일으키면 절대로 약식 추론을 사용하지 말라. 약식 추론이 모든 파토스를 진정시키거나 네가 그것을 헛되이 사용하게 될 것이다. 이 둘을 동시에 가동하면 서로 방해되어 상쇄되거나 무력하게 된다. 그리고 연설이 윤리적인 성분을 갖고 있다면 동시에 약식 추론을 추구하지 말라.

우리는 앞에서 에토스, 즉 연사의 품격은 반드시 청중에게 보여주어야 하는 성격이라고 했다. 그 이유는 연사가 특정 내용을 발화하면서 동시에 "나는 이런 사람이고 저런 사람이 아니다."라고 말하는 것이 되기 때문이다. 위의 인용 대목은 연사의 품격이 드러나는 내용을 청중에게 전달할 때면 군이 약식 추론을 사용할 필요가 없다는 뜻이다. 아울러 연설이 지향하는 감정을 청중으로부터 불러일으켰을 때도 약식 추론을 사용하지 말라고 했다. 이것은 청중의 마음을 얻고나면 말의 논리가 별 효력을 발휘하지 못한다는 뜻이다.

우리는 효과라는 말에서 파토스를 이해한다. 그것의 변화를 통해 사람들의 판단에 차이가 난다. 예를 들어, 사람들은 분노, 동정, 두려움 등의 근심과 즐거움에 따라 판단한다. 그리고 그 반대도 마찬가지다.

여기서 주목할 것은 파토스는 단순히 감정적 효과를 노리는 것으로 이해하면 안 된다는 사실이다. 파토스는 합리석인 논거가 얻어내는 효과를 상쇄하는 것이 아니라 상승시키는 효과가 있다는 것이다. 따라서 파토스는 텍스트를 이해하는 과정에서 장애물이 아니라 조력자라는 사실을 항상 염두에 두어야 한다.

청중의 감화를 위해 사용되는 수단과 기술은 외적 조건과 연설 상황을 고려할 줄 아는 특별한 능력과 섬세함을 요구한다. 최고의 재능을 가진 연사만 가장 강렬한 감정을 자극할 수 있다. 능력과 힘이 최대한 발휘되면 효과를 얻지만 그렇지 않으면 미적지근해 차라리 판사에게 맡기는 것이 나을지도 모른다. 피고는 자신의 표정, 목소리, 전체 모습으로 청중을 감동시킬 수 없으면 오히려 조롱받기 쉽다. 따라서 피고이든 변호인이든 법정 연설자는 자신의 힘과 재능을 잘 판단해 조심스럽게 예측하고 부담을 얼마나 떠안을 것인지 숙고해야 한다. 이 과제의 결말에는 중간이 없다. 눈물을 흘릴 정도로 감동을 주든지 조롱 섞인 웃음만 유발하든지 둘 중 하나다.

수사적 소통의 제 2원리 02
배치의 원리

생각을 발견한 다음에는 발견한 생각을 효과적으로 정리하는 단계로 넘어간다. 수사적 소통의 두 번째 원리다. 발견한 논거들을 효과적으로 배치하는 단계라고 할 수 있다. 배치에 앞서 연사는 몇 가지 고민을 해야 한다. 우선 어떻게 문제 제기를 할 것인지, 청중이 누구인지, 연설은 어떤 유형인지 따져보아야 한다. 그리고 이제 순서를 어떻게 잡을 것인지가 관건이다. 발견한 논거를 순서에 따라 배치한다는 것은 연설의 골격을 세우는 것이다. 다시 말해 연설의 구성이라고 할 수 있다. 글로 치면 글의 구성인 셈이다. 연설의 구성은 주제나 연설 유형에 따라 달라진다. 대립적인 성격만 강조하는 2부 구성에서 서론, 본론, 결론의 3부 구성, 기, 승, 전, 결의 4부 구성 등 다양한 구조가 있다. 여기서는 고전 수사학의 체계

를 따라 4부 구성을 선보이겠다. 시작, 사안 설명, 논증, 마무리로
이루어진 구성이다.

●●
시작

첫 만남, 첫 키스, 첫날 밤 … '첫', '처음'이라는 말은 언제나 우리를
설레게 한다. 그래서 더 신경쓰이는 법이다. 소개팅 자리의 첫 만남
이라면 적어도 '애프터' 신청은 받아야 할 것 아닌가? 무슨 일이든
시작이 중요하다. 중요하기에 어렵기도 하다. 그래서 '시작이 반'이
라고 한다. 글을 쓸 때도 "시작 부분을 어떻게 시작할까?"라고 많은
고민을 한 적이 있을 것이다. 말을 할 때는 또 어떤가? "무슨 말로
시작할까?"라고 생각하다가 그만 머릿 속이 하얗게 된 적이 있을
것이다. 지금부터는 너무 걱정하지 않아도 될 것 같다. 딱 3가지만
머릿 속에 넣어두자. 호감, 관심, 이해 말이다.

호감을 사라
청중으로부터 호감을 못 얻는 연사는 얼마나 안스러운가? 연사
는 무엇보다 호감을 사야 한다. 누군가 만나러 갈 때, 우리는 이 옷
저 옷 꺼내 입어보고 거울 앞에서 포즈를 취한다. 외모에 신경쓰
는 것도 모두 호감을 얻기 위한 것이지만 사실 더 중요한 것은 "무
슨 말을 할까? 처음에 무슨 말을 하고 다음에 또 무슨 말을 할까?"

고민하는 것이다. 호감을 얻는 3가지 방법을 소개한다. 첫째, 연사 자신을 이용하기, 둘째, 상대방을 이용하기, 셋째, 청중을 이용하기다. 이 모든 호감 사기가 사람으로부터 시작한다. 차근차근 살펴볼까? 우선 연사 자신을 이용한 호감 사기다. 예를 들어, 이런 식이다.

오늘 이 주제는 그동안 제가 쭉 고민해왔던 것입니다. 몇 가지 경험도 있고 해서 그것을 여러분과 함께 나누어보려고 이 자리에 섰습니다.

이 말을 듣고 청중은 대부분 호감을 가질 것이다. 만약 연사가 "이 주제는 제가 최고죠. 여러분, 오늘 엄청 운이 좋으신 겁니다. 이런 이야기를 어디서 듣겠습니까?"라고 말한다면 호감은 금세 비호감으로 바뀔 것이다. 연사는 항상 겸손해야 한다. 자화자찬을 늘어놓으면 안 된다. 속된 말로 '자뻑'에 빠지지 말아야 한다.

상대를 이용한 호감 사기는 상대가 사실에 입각하지 않은 말을 했을 때, 그 말을 바로 고쳐주면서 할 수 있다. 주로 양측이 경쟁 관계에 있고 서로 입장이 갈릴 때, 청중의 마음을 얻기 위해 애쓰다가 실수를 범하는 경우가 생긴다. 상대가 수단과 방법을 가리지 않고 이길 의도로 거짓말하는 경우나 성실하지 못해 진정성이 결여된 논거를 들고 나온 경우, 이것을 제대로 지적할 수 있어야 한다. 상대방이 제시한 이야기의 반대 논거를 제시하면 청중의 마음을 얻을 수 있다. 토론 현장에서 종종 볼 수 있는 풍경이다. 상대를 이용한 호감 사기에도 지켜야 할 원칙이 있다. 어떤 경우라도 상대를 비방하거나 험담을 늘어 놓으면 안 된다. 사실에 입각한 이야기를 간결히 전하면 된다. '무조건 이기고 보자'는 심사로 네거티브하지 말라는 말이다.

청중을 이용한 호감 사기는 흔히 볼 수 있다. "여러분, 고된 하루 일과를 끝마치고 지친 몸을 이끌고 이렇게 불편한 자리에 앉아 초롱초롱한 눈빛으로 제 말을 듣고 계시는 모습을 뵈니 감개무량할 따름입니다. 여러분의 향학열, 정말 대단하십니다." 청중의 덕목을 찾아 칭찬해주면 된다. 청중과의 인연을 소개하면서 호감을 얻을 수도 있다. 청중과의 돈독한 관계를 유지해나가기를 바란다는 말도 효과적이겠다. 이 경우에도 주의 사항이 있다. 청중을 치켜세운다고 너무 오버해 아부나 아첨으로 보이면 안 된다.

실제 연설에서 호감 사기가 어떻게 진행되는지 살펴보자.

방금 이 의회에서 연설하신 훌륭한 신사 여러분의 능력과 애국심을 나는 누구보다 더 존중합니다. 그러나 사람에 따라 같은 주제를 다른 시각에서 볼 수 있으므로 그 분들의 의견과 제 의견이 상반된다고 그 분들을 존중하지 않는 것으로 오해하지 마시기 바랍니다. 나는 허심탄회하게 제 생각을 말씀드리겠습니다.

당신은 어떤 말을 하고 있나요?

버지니아 의회에서 연설하는 패트릭 헨리

　패트릭 헨리의 유명한 연설 '자유가 아니면 죽음을 달라'의 첫 구절이다. 어떤가? 앞에서 살펴본 연사 자신을 이용한 호감 사기가 계속 나오지 않는가? 우선 연사는 자신과 다른 입장을 취하는 사람들을 인정한다는 점에서 자신의 포용심을 드러낸다. 그리고 청중에게 양해를 구하면서 자신의 예의를 나타낸다. 나아가 연사는 거리낌이나 숨김이 없는 사람이라는 사실을 진솔하게 알리고 있다. 연사는 자신의 주장과 상반된 입장일지도 모르는 청중의 반감을 최소화시키고 자신의 주장을 잘 들을 수 있도록 분위기를 조성해나가고 있다. 청중의 호감을 사기 위한 노력을 기울이고나서 연사는 곧바로 청중의 관심을 끄는 말을 꺼낸다.

관심을 끌어라

지금은 점잔을 뺄 때가 아닙니다. 우리 의회가 당면한 문제는 이 나라에도 매우 중요한 문제입니다. 나는 그것이 우리가 자유인이 되느냐 노예가 되느냐 하는 문제라고 생각합니다. 이 주제의 중대성에 비춰 볼 때 자유로운 토론이 보장되어야 할 것입니다. 그래야만 우리는 진실에 도달할 수 있을 것이며, 우리가 하느님과 이 나라에 지고 있는 우리의 막중한 책임을 완수할 수 있을 것입니다. 이런 때에 내가 다른 사람들의 노여움을 살까 봐 내 의견을 밝히지 않는다면, 그것은 우리나라를 배반할 뿐만 아니라 내가 이 세상의 어느 군주보다도 더 경외하는 하느님의 뜻을 거역하는 행위가 될 것이라고 생각합니다.

패트릭 헨리는 지금 이 순간이 나라의 운명을 좌지우지하는 매우 중요한 때이고 지금 여기서 논의하는 사안이 바로 조국의 미래, 즉 우리의 미래와 직결되는 중대한 문제라고 언급하며 청중의 관심을 끌고 있다. 연사는 본론에 들어가기 앞서 자유와 노예라는 극단적인 반대 개념을 효과적으로 사용해 청중의 이목을 집중시키는 효과를 노리고 있다. 조국이라는 논거를 개인의 자유라는 논거와 연결시켜 청중에게 문제의 심각성을 환기시키고 있다. 아울러 이 심각한 상황에서 하느님과 진리라는 가치에 이르기 위해서는 모든 사람의 입장을 열린 마음으로 인정하는 토론의 중요성을 강조하고 있다. 이렇게 함으로써 자신의 의견에 반대하는 청중들에게 연사의 주장에도 귀기울여야 한다는 것을 은연중 암시한다고 하겠다.

청중의 관심을 어떻게 끌 수 있을까? 관심을 끄는 것은 사안 자체부터 시작해야 한다. 뭔가 중대하거나 없어서는 안 될 것을 말해야 한다는 소리인데 중요하고 꼭 필요한 사안이 관심을 끌지 않겠는가?

청중이 관심도 안 갖는 사안에 대해 말한다는 자체가 얼마나 비효율적인가? 따라서 앞에서 생각을 발견할 때 언급했던 청중 분석 과정이 매우 중요하게 대두된다. 청중의 현안을 꼼꼼히 챙겨 연설을 시작하는 연사에게 어떻게 관심을 보이지 않겠는가? 이런 연사는 당연히 성실한 인상을 주고 연사의 에토스를 높이는 효과도 동시에 줄 것이다. 즉 청중의 관심을 끄는 것을 통해 동시에 호감을 얻어낼 수 있다는 말이다. 이런 분위기에서 나오는 연사의 말이 설득력을 높인다는 사실은 자명하다고 하겠다.

또한 해당 사안이 청중과 관련 있다는 사실을 제시할 수 있어야 한다. 그래서 상황에 맞게 뭔가 말할 기회가 생기면 놓치지 말아야 한다. 반드시 시작 부분이 아니라도 좋다. 그러고보니 연설 부분을 언급할 때도 시의적절성이 강조된다. '시의 적절하게 말하라'라는 수사적 소통의 두 번째 조건 말이다. 청중의 주의를 환기시키면서 관심을 끄는 것 못지 않게 중요한 것이 청중의 이해를 돕는 것이다.

이해를 도와라

학창 시절을 떠올려보면 조회 시간 교장 선생님의 훈화가 생각난다. '에~, 또~' 하면서 일장 연설을 늘어놓으시는 바람에 지루했던 기억이 난다. 도대체 무슨 말씀을 하시는건지 종잡을 수가 없었다. 청중을 피곤하게 만드는 것이 어디 그 분뿐이겠는가? 우리가 몸담은 다양한 조직의 장長들도 별로 다르지 않다. 그래서 리더가 되려면 수사학을 알아야 한다.

그렇다면 이해를 어떻게 도울 수 있을까? 수사학은 다음과 같이 하라고 일러준다. 연설을 시작할 때, 사안의 본질을 요약해 설명하고 정의내리고 분류할 수 있으면 청중이 논의의 핵심을 쉽게 알 수 있다. 그리고 연설 내용을 뒤섞지 않아야 청중이 명쾌한 판단을 내릴 수 있고 장황하게 늘어놓지 않아야 청중의 기억을 방해하지 않는다. 특히 내용이 복잡하다고 판단될 때, 미리 갈래를 쳐 몇 개 부분으로 구성되는지 밝히는 것도 효과적이다.

명연사들은 시작 부분에서 수사학의 원칙을 충실히 지킨다. 스티브 잡스가 스탠포드대학 졸업식장에서 남긴 연설의 시작 부분을 보자.

먼저 세계 최고 명문으로 손꼽히는 이곳에서 여러분의 졸업식에 참석하게 된 것을 영광으로 생각합니다. 저는 대학을 졸업하지 못했습니다. 태어나 대학 졸업식을 이렇게 가까이 보는 것은 처음이네요. 오늘 저는 여러분에게 제가 살아오면서 겪었던 3가지 이야기를 전해드리겠습니다. 별로 대단한 이야기는 아니고요. 그저 3가지 이야기입니다.

짧지만 연설 시작 부분에 있어야 할 것은 모두 있다. 우선 첫 문장에서 '세계 최고 명문대학'이라는 말로 청중의 호감을 사고 있다. 그리고 두 번째와 세 번째 문장에서 세계적인 CEO가 대학을 안 나왔다고 말하는데 청중의 관심을 끌 만하지 않은가? 네 번째와 다섯 번째, 여섯 번째 문장은 자신이 앞으로 펼칠 이야기를 3가지로 압축해 청중의 몰입을 끌어내고 이해를 돕고 있다.

● ●
사안 설명

시작을 알리고나서 연사가 바로 해야 할 일은 말하고자 하는 담론의 대강을 알리는 것이다. 이 부분에서 연설의 근간이 되는 사태가 묘사되며 사건이 직접 거론된다. 시시비비를 다투는 연설에서는 이 부분을 사실 기술이라고도 한다. 사안의 대강을 알리는 것이 관건이다. 당연히 잘 알려야 한다. 연설 나머지 부분에서 재차 언급되기 때문이다. 원칙이 있다. 명확히 말하고 간결하면 더 좋다. 그러면서도 듣는 사람이 믿도록 해야 하고 매력적인 표현도 고려해야 한다. 작품 하나를 살펴보기로 하자.

독일 계몽주의 시대 작가 빌란트의 『압데라인 이야기』 4장은 당나귀 그림자 소송이라는 부제가 붙어 있다. 줄거리는 이렇다. 고대 그리스의 압데라에서 어처구니없는 사건이 벌어졌다. 슈트루티온이라는 치과 의사가 안트락스라는 당나귀 몰이꾼과 함께 왕진을 떠난다. 날이 너무 더워 치과 의사는 잠시 당나귀가 제공하는 그늘에서 쉰다. 안트락스는 그림자의 대가를 요구하고 슈트루티온은 거절한다. 그래서 소송이 일어났고 변호인들이 법정에서 공방을 벌인다. 먼저 치과 의사의 변호인 말을 들어보자.

그는 오직 자신의 고귀한 기술로 이웃의 고통을 덜어주기 위해 업무상 압데라에서 게라니아로 왕진을 가는 중이었습니다. 후텁지근한 여름날이었습니다. 지독하게 내려쬐는 한여름의 불볕 더위로 지평선은 빵을 굽는 오븐이 달아올라 속이 비어 볼록하게 변한 것처럼 보였습니다. 작렬하는 태양빛을 누그러뜨릴 구름 한 점 없었습니다. 더위에 헐떡이는 나그네의 원기를 북돋아줄 바람 한 점 없었습니다. 태양은 그의 정수리 위에서 이글거리고 혈관에서는 피를 뽑아내고 뼛속에서는 골수를 빨아내고 있었습니다. 그는 입천장에 붙어 바싹 마른 혀를 헐떡거리며 더위와 작렬하는 햇빛 때문에 흐리멍텅한 눈으로 "어디 그늘이 있나, 그늘 밑에서 원기를 회복할 나무라도 있나?" 주위를 둘러

보았습니다. 한 모금 신선한 공기를 마시며 아폴로의 작렬하는 화살 앞에서 잠시만이라도 피할 나무 한 그루 있나 하고 말입니다. 헛수고였습니다! 아시다시피 압데라에서 게라니아로 가는 길에 그런 곳이 어디에 있다는 말입니까? 두 시간 동안 찾아보았지만 헛수고였습니다. 이것이 바로 트리키아 전 지역의 흠이라고 합니다. 이 불모지와 전답만 있는 황량한 평야에서 나그네의 눈에 활기를 주고 오후의 작렬하는 태양으로부터 은신처를 제공해줄 나무 한 그루, 관목 한 그루가 없었습니다. 가련한 슈트루티온은 결국 당나귀에서 내렸습니다. 더 이상 정상적으로 버틸 수 없었던 것입니다. 그는 당나귀를 멈춰세워 그 그림자에 앉았습니다. 보잘 것 없고 궁색한 방법으로나마 원기를 회복하기 위해서 말입니다.

치과 의사의 변호인은 자신의 의뢰인이 유리한 쪽으로 사안을 알리고 있다. 자신이 입증할 내용의 방향을 미리 잡는다고 할 수 있다. 사건을 다르게 보는 사람들을 자신 쪽으로 끌어당기기 위한 전략이다. 그러다보니 말이 길어졌는데 그렇더라도 자신의 의뢰인의 행동에 정당성을 부여하기 위해 필요한 논거들만 추려내고 있다는 생각이 든다. 이번에는 상대쪽 변호인의 말을 들어보자. 당나귀 몰이꾼의 변호인은 꽤 부담스러웠을 것이다. 자신보다 앞서 사실 관계를 기술한 치과 의사 변호인의 말발이 보통이 아니고 게

다가 "어쩌면 배심원들의 마음도 그 쪽으로 기운 것 아닌가?"라고 생각하곤 머릿 속이 복잡해졌을 것이다.

안트락스는 치과 의사 슈트루티온에게 하루 동안 당나귀를 빌려주었습니다. 자기 마음대로 사용하라는 것이 아니라 여행 가방을 싣고 그것을 타고 게라니아로 가는 데 사용하라고 빌려준 것입니다. 알다시피 그 곳은 8마일이나 떨어져 가깝지 않은 거리입니다. 당나귀를 빌릴 때는 물론 둘 중 아무도 당나귀의 그림자를 생각하지 않았습니다. 하지만 치과 의사가 들판 한가운데 내려 자신보다 더위에 훨씬 더 많이 시달린 당나귀에게 햇볕에 서있도록 강요했을 때, 그 신사분과 당나귀 주인의 입장이 같지 않다는 것은 분명했습니다.

말이라는 것은 참 묘하다. 방금 전에는 당나귀 몰이꾼의 변호인이 상당히 위축되어 쉽지 않을 것이라고 생각했는데 말을 듣고 보니 꽤 설득력이 있다. 우선 길이를 짧게 하고 객관적인 논증의 출발점을 모색하면서 논리에 더 중점을 두고 진술하고 있다. 이에 반해 치과 의사의 변호인은 강력하게 열정에 호소하고 있다. 이렇게 하는 데는 모두 전략이 들어 있다. 치과 의사의 고통을 부각시켜야 나중에 할 논증을 더 잘 준비할 수 있다고 생각했던 것이다.

사안이라는 것이 참 신기하지 않은가? 팩트fact 사실는 똑같은데 입장에 따라 이렇게 달라진다. 사안은 특정한 관점으로 인식될 수 있다. 주관이 개입될 수 있다는 말이다. 사안이 객관적인 경우는 순전히 생각을 구성할 때만 그럴 수 있다는 말이다. 그런데 사안은 서술로만 중개가 가능하기 때문에 주관적인 의사 개입에 노출될 수밖에 없다. 따지고보면 사안의 '객관적인' 양상을 '주관적'으로 서술하는 것이라고 할 수 있다. 사안 설명이 정말 중요하다는 것을 알았다. 법정 공방도 따지고보면 사실 확정 여부를 둘러싼 공방에서 출발한다. 연사가 사안을 설명할 때 꼭 알고 있어야 할 3가지 규칙이 있다. 명확성, 간결성, 신빙성이다.

명확히 설명하라

사안 설명의 핵심은 무엇보다 사안을 명료히 설명하는 것이다. 연사는 사안 설명을 통해 청중의 신뢰를 얻어야 한다. 연사는 대략적인 사안을 청중의 눈앞에 명확하고 모순 없이 제시해야 한다. 청중이 사안을 똑바로 이해해야 연사가 자신의 주장을 제대로 펼칠 수 있지 않겠는가? 청중의 사안 이해가 주장의 판단을 좌우한다. 그래서 사안 설명은 논증을 구성하기 위한 토대가 된다. 그렇다면 사안을 어떻게 명확히 설명할 수 있는가?

사안 설명은 내용과 형식에서 모두 명확해야 한다. 내용이 명확해지려면 사안의 모든 상황을 잘 전달할 수 있어야 한다. 즉 중요한 것을 빠뜨리면 안 되고 뒤에서 설명할 것을 미리 말한다거나 앞에서 말한 것을 다시 말해서는 안 된다. 대략적인 사안을 자연스럽게 순서대로 알릴 수 있어야 한다는 말이다. 사안 설명을 명확히 하기 위한 형식적인 조건은 일상에서 벗어나거나 인위적인 표현이나 기형적인 표현을 피하는 것이다. 말을 길게 하거나 너무 축약해도 안 되고 어법을 잘못 사용하거나 중의적으로 표현하거나 비유를 잘못해도 안 된다. 이렇게 되면 표현이 불명확해져 청중이 사안을 이해할 수 없게 된다.

사안을 명확히 표현하려면 단어 선택은 물론 단어 배열에도 신경써야 한다. 우선 일상적인 단어를 사용해야 한다. 그리고 정상적으로 단어를 배열해야 하는데 이때 문장의 시작과 끝 부분을 같은 리듬으로 짝지으면 표현이 더 명확해진다. 그리고 문장을 나누어 일정한 리듬을 반복하거나 숨쉴 자리를 제공하면 표현이 더 명확해진다. 예를 들어, "낮말은 새가 듣고 밤말은 쥐가 듣는다."라고 하면 리듬이 일정하게 반복되어 표현이 명료해져 훨씬 듣기 쉽지 않은가?

간결히 설명하라

살면서 흔히 듣는 말이 있다. 요점만 간단히! 바쁜 세상에 핵심만 말하라는 뜻이다. 청중의 이해를 도모할 수 있는 것을 빼지 않고 연사의 의도를 손상시키지 않으면서 생략할 수 있는 모든 것을 포기한다면 말이 왜 간략해지지 않겠는가? 즉 요점만 말해야 한다. 예를 들어, "나는 아이를 원했기 때문에 결혼했고 그래서 아들을 하나 얻었으며 그 아이가 무럭무럭 커 이제 어른이 되었어요."라고 하면 왠지 장황하지 않은가? 간단히 확인하는 정도로 "나는 다 큰 아들이 하나 있어요."라고 하면 충분하지 않은가? 얼마나 간결한가? 하지만 너무 짧으면 명확성을 잃을 수도 있다. 따라서 너무 짧은 것보다 조금 자세히 설명하는 것이 낫다. 앞의 예에서 치과 의사의 변호인의 말이 당나귀 몰이꾼의 변호인의 말보다 조금 길지만 간결성이 떨어진다고 느껴지지는 않는다. 표현이 짧다고 내용이 간결해지는 것은 아니다.

간결성을 무조건 양적 측면으로만 이해해서는 안 된다. 사안이 복잡할 경우, 단축시켜 표현하면 오히려 애매할 수도 있다. 이런 경우, 미리 길이를 알리든가 지루하지 않도록 조치해야 할 것이다.

사안을 설명할 때, 연사가 빠지기 쉬운 유혹이 있다. 평범한 연사들은 뭔가 묘사할 때 즐거움을 느끼고 불필요한 세부 사항까지 전하려는 유혹에 빠질 수 있다. 이 유혹을 넘기지 못하면 말은 장황해진다. 그래서 사안 설명은 꼭 필요한 말만 해야 한다. 이 원칙은 대략적인 사안을 알려야 하는 자리에서 뿐만 아니라 모든 연설 부분에서 지켜야 할 것이다. 말이 장황한 사람은 한 번에 한 가지 사안만 다루겠다고 다짐해보는 것은 어떨까? 명백한 주장 외의 어떤 것도 취급하지 않겠다고 다짐하고 시작하면 말이 간결해질 것이다.

신빙성 있게 설명하라
사안은 그 원인과 일반인들이 가진 보편적인 기대와 사안의 본질에 부응해 설명해야 신빙성이 생긴다. 진리와 진실을 말할 때도 이 원칙은 지켜져야 한다. 진리도 신빙성 있게 설명하지 않으면 믿기 어려운 소리로 들릴 수 있기 때문이다. 그래서 사람들은 불가능한 것이라도 신빙성이 있는 것이라면 가능하지만 신빙성 없는 것보다 더 잘 받아들이게 된다.

사안 설명이 신빙성이 있으려면 모든 상황이 서로 어울려야 하고 특히 인물의 성격과 행동이 일치해야 한다. 그리고 사실들의 인과 관계를 연결하고 제시하려고 생각해둔 논거들을 미리 간략히 알려줄 필요도 있다. 사안을 놓고 상대와 첨예하게 대립한 상황에서는 자신에게 유리한 상황을 부각시키고 불리한 상황을 축소시킬 수 있어야 한다. 자신의 입장을 대변해주는 것을 확대시키고 상대의 입장은 가능한 한 약화시켜야 한다. 당나귀 그림자 소송에 맞서 의뢰인의 입장을 대변하기 위해 공방을 펼치는 치과 의사와 당나귀 몰이꾼의 변호인의 사안 설명이 이 관계를 잘 보여주고 있다.

신빙성의 가치는 개연성에 기반을 두고 있다. 사건이 정상적일 경우, 복잡하게 묘사하면 안 되고 오히려 비정상적일 경우, 그에 맞추어 방향을 틀어 설명해야 한다. 그리고 신빙성은 청중의 관점에서 출발해야 한다. 청중이 신빙성을 갖도록 주장의 내용을 강조해 재확인하는 것이 권고된다. 사안을 설명할 때, 다양한 질문을 준비하면 쓸모있다. 물론 연사는 이런 질문들에 대한 답변을 정확히 알고 있어야 한다. 질문이 자신에게 어떤 의미가 있는지 알고

당신은 어떤 말을 하고 있나요?

있어야 사안을 효과적으로 설명하지 않겠는가? 치과 의사의 변호인은 이 점을 염두에 두면서 사안을 설명해나가고 있다. 그의 이전 발언을 질문-대답 도식으로 표현하면 다음과 같다.

질문	대답
누가 여행을 갔는가?	환자를 치료하는 의사가
그는 무엇을 했는가?	휴식을 취하려고 했다
왜 휴식을 취하려고 했는가?	지칠대로 지쳤기 때문에
사건이 어디서 일어났는가?	그늘 없는 사막에서
사건이 언제 일어났는가?	태양이 내리쬐는 정오에

사안 설명은 어차피 사안의 객관적인 양상을 주관적으로 서술할 수밖에 없다. 그래서 이해 관계에 따라 사안을 잘 정리해 명확하고 간결하고 신빙성 있게 설명해야 한다. 사안을 설명할 때는 말의 형식에도 신중을 기해야 한다. 우선 말이 너무 다듬어져 있거나 지나치게 세련되어 있다면 왠지 신뢰가 떨어진다. 그리고 말은 상식과 관습에 어긋나지 않아야 한다. 나아가 의미의 무게가 느껴지고 권위가 실린 말이 신뢰가 더 가지 않은가? 사안 설명의 원칙들은 표현의 원리에서 다시 등장한다. 그밖의 원칙은 뒤에서 상세히 다루기로 한다.

논증

논증은 연사의 논리력이 돋보이는 자리다. 아리스토텔레스『수사학』의 첫 구절이 생각난다. "수사학은 변증론과 짝을 이룬다."라는 말 말이다. 스토아 학파의 제논도 비슷한 말을 한다. "주먹을 쥐면 변증론이요, 손바닥을 펼치면 수사학이다." 두 학자 모두 논리학과 수사학이 밀접한 관계가 있다는 것을 말하고 있다. 논증은 어떤 주장이 타당하다는 것을 논거를 통해 이성에 호소하여 상대방을 설득하는 것을 말한다. 크게 증명과 논증으로 나눌 수 있다. 만일 어떤 주장이 참임을 증명할 수 있다면, 증명은 가장 확실하고 절대적인 설득방법이 된다. 그러나 모든 종류의 주장이 다 증명 가능한 것은 아니다. 사실에 관한 주장은 증명이 가능하지만 가치판단에 관한 주장은 증명이 불가능하고 논증할 수 있을 뿐이다. 엄격한 사실만을 증명하는 논리학과 달리 수사학적 논증에는 두 가지 방법이 있다. 하나는 수사적 추론이고 다른 하나는 예증이다. 여기서 잠깐 추론에 대해 알아보자.

추론이란 A를 근거로 B에 도달하는 것인데 이때 출발점 A를 전제라고 하고 목표점 B를 결론이라고 한다. 이렇게 전제를 근거로 결론을 이끌어내는 과정을 추론이라고 한다.

추론에는 과학 추론, 변증 추론 그리고 수사 추론이 있다. 과학 추론은 필연적으로 참인 명제를 전제로 하므로 증명이라고도 부른다. 변증 추론과 수사 추론은 성격이 다르다. 우선 변증 추론은 진리를 모색하는 것이고 수사 추론은 대중을 설득하는 것이므로 추론 방식에서 차이가 난다. 즉 변증 추론은 엄밀한 추론을 통해 진리를 지향하지만 수사 추론은 항상 대중의 상식 수준에서 청중을 설득한다. 청중이 알고 있는 것은 굳이 언급하지 않고 추론하는 것이 더 효과적이다. 왜 그럴까? 청중이 더 집중하고 더 효과적으로 설득할 수 있도록 하기 위해서다. 그래서 수사 추론을 뜻하는 엔튀메마는 종종 생략 삼단논법이라고도 부른다. 그렇다고 수사 추론이 불완전한 형식의 생략된 추론은 아니며 그 자체로 완결된 추론이다. 따라서 수사 추론이란 본질적으로 개연성이 높은 일반적인 사실이나 구체적 증거를 활용한 추론으로 정의할 수 있겠다.

연사는 연설의 중심부에 오면 주장의 근거를 제시하고 논증에 주력해야 한다. 자신의 주장을 입증하고 상대의 주장을 반박할 수 있어야 한다. 상대의 주장이 없다면 기존 통념을 논박할 수 있다. 뭔가 주장하는 사람은 그 주장의 정당성을 밝혀야 한다. 주장만 하고 근거를 밝히지 않으면 안 된다는 말이다. 반대로 예만 잔뜩 나열해도 안 된다. 그런 말을 듣고 있으면 "그래서 도대체 어쩌자는 거지?"라는 의문만 들 뿐이다. 주장의 정당성을 밝힐 수 있는 사람이 설득력을 얻는다. 그래서 논증이 필요한 것이다.

입증하라

워싱턴에서 북쪽으로 차로 2시간쯤 달리면 게티스버그가 나온다. 이 작은 마을에서 남북전쟁 최대의 혈전이 벌어진다. 사흘 간의 전투에서 사상자만 무려 5만 명이 넘는다. 링컨은 이곳에서 유명한 게

티스버그 연설을 한다. 수많은 장소 중 하필 그 곳을 택한 이유는 자명하다. 장소의 수사학이라고 할 만하다. 민주주의의 영원한 정의가 되어버린 '국민의, 국민에 의한, 국민을 위한 정부' 명언이 이 연설에 나온다. 이 연설은 매우 짧다. 272개의 단어로 링컨은 단 3분 만에 끝냈다. 그런데 그 메시지는 전 세계인의 가슴 속에 지금까지 살아 숨쉬고 있다. 링컨은 민주주의를 수호하기 위해 싸우다가 전사한 용사들을 추모하는 자리임을 강조하며 논증을 시도하고 있다.

> 세상 사람들은 우리가 여기서 하는 말에 대해 그다지 주목하지도 않을 뿐만 아니라 오랫동안 기억하지도 못하겠지만 그분들이 여기서 이룬 업적만큼은 결코 잊지 못할 것입니다.

링컨은 약식 추론을 하고 있다. 대중이 이미 알고 있는 사실은 과감히 생략하고 결론만 언급하는 셈이다. 생략된 전제들을 복원해 구조를 분석해보자.

대전제 　중요한 일은 결코 잊혀지지 않는다. (생략)
소전제 　그분들이 한 일은 중요한 일이다. (생략)
결론 　　그분들이 한 일은 결코 잊혀지지 않는다.

"중요한 일은 결코 잊혀지지 않는 법인데 그분들이 한 일은 중요한 일이므로 그분들이 한 일은 결코 잊혀지지 않는다."라고 말하면 듣는 사람은 어떻게 받아들일까? "아, 그 사람 참, 논리 정연하다!"라고 할까? 그렇지 않다. "무슨 표현이 이렇게 늘어져. 중언, 부언하는 것 같고 우리가 알고 있는 것을 굳이 말해야 하나?"라고 반응할 것이다. 그래서 아리스토텔레스는 우리에게 "이미 청중이 알고 있는 내용은 과감히 생략하라!"라고 조언한다. 뻔히 아는 것을 늘어놓으면 연사가 수다스러워 보인다. 청중이 들으면서 생략된 부분을 채워 보는 재미도 있어야 한다. 그래야 청중 자신도 "내가 대화에 초대받는구나!"라고 느끼지 않을까? 설득력 있는 메시지는 간결해야 한다.

정치인들의 연설에는 자신의 논리력을 보이기 위해 연역법을 본론에 포진시키는 경우가 정말 많다. 고 김대중 전 대통령을 보자. 사람들은 그를 머리가 좋은 지도자라고 부른다. 기억력이 비상하고 말이 꽤 논리적이라고 한다. 1971년 대선 때 장충단공원 연설의 한 대목을 보자.

공화당은 우리에게 생트집만 잡고 있습니다. 내가 볼 때 박정희 정권은 바뀌게 되어 있습니다. 왜냐하면 과거 선거 때는 야당이 비판하고 트집잡고 여당이 정책 대결을 하려고 하더니 이번에는 야당이 정책 대결하고 여당이 트집만 잡고 있습니다. 이것은 이미 공화당이 국민에게 내세울 밑천이 없어졌다는 것입니다.

김대중은 박정희 정권이 바뀐다고 주장하고 있다. 주장의 근거는 공화당이 트집을 잡기 때문이라는 것이다. 그러면서 "트집잡는 것은 내세울 것이 없다."라는 명제를 전제로 한다. 즉 "트집을 잡으면 내세울 것이 없는 것이고 내세울 것이 없으면 곧 정권이 바뀐다."라고 추론해볼 수 있겠다. 그런데 이 대목에서 몇 가지 따져볼 것이 있다.

우선 연설 내용의 사실 관계가 규명되지 않은 상태에서 이런 이야기를 하면 네거티브 공세라고 할 수 있다. 사실이라고 하더라도 과거에 그랬다고 현재도 꼭 그랬다는 보장은 없으므로 일반화의 오류라고 할 수 있다. 그런데 일반 대중은 그런 사실에 대해 잘 모른다. 단지 연사의 그럴 듯한 이야기에 빨려들어갈 뿐이다. 김대중처럼 연설의 속성을 꿰뚫고 있는 연사 앞에서 대중은 간혹 무장해제되기도 한다. 과거 모 선거에서 모 후보자가 언제, 어디서, 무슨 일들이 있었는지 조목조목 따져 들어갔다면 더 설득력 있을 것이다. 물론 김대중도 이런 사실을 잘 알고 있었을 것이다. 하지만 "청중이 생각하고 따져 들어가면 설득은 물 건너갈지 모른다."라고 생각했을 것이다. 그래도 전혀 엉뚱한 이야기가 아니므로 자신의 주장을 간결히 펼치는 연사의 말에 청중은 환호를 보낸다. 설득과 선동의 경계가 모호해지는 순간이다. 대중 연설에서 지도자가 조심할 사항이다.

지금까지 살펴본 논증 방식은 대부분 서술문 형태다. 하지만 논증을 모두 서술문으로만 구성하라는 말은 아니다. 오히려 논증을 전개할 때 표현의 다양성을 추구해야 한다고 키케로는 주장한다. 단조로움을 피하고 청중이 싫증나지 않도록 해야 한다. 의문문도 좋고 명령문이나 기원문을 활용해 논증을 전개해야 한다. 고 노무현 전 대통령이 2002년 민주당 대선후보 경선 때 울산에서 한 연설 한 대목을 보기로 하자.

존경하는 당원 동지 여러분, 누군가가 이 영남에서도 표를 받아야 되지 않습니까? 민주당이 이 영남에서도 표를 받아야 민주당이 전국 정당이 되고 집권당이 될 수 있는 것 아니겠습니까? 누가 이 영남의 표를 받겠느냐 이것입니다. 제가 그 표를 받을 수 있다고 말하는 것이 잘못입니까?"

질문을 던지면서 연역적으로 추론하는 위의 표현은 오히려 평서문보다 청중의 감정을 더 고조시키고 있다. 삼단논법으로 이 대목을 분석해보자.

대전제 영남에서 표를 받아야 민주당이 집권당이 된다.
소전제 나는 영남에서 표를 받을 수 있다.
결론　　나는 민주당을 집권당으로 만들 수 있다. (생략)

즉 결론이 생략된 약식 추론이다. 추론된 것이 명백하면 반드시 결론을 내릴 필요가 없다. 게다가 질문을 던지면서 청중의 답변을 유도하는 노무현의 전략이 돋보이는 대목이다. 청중의 우려와 같은 답변으로 연사는 논증을 완성시키고 있다.

입증할 때 반드시 연역법만 사용하는 것은 아니다. 귀납법도 쓸 수 있다. 사례들을 모아 결론을 도출하는 방식이다. 앞에서 예로 들었던 김대중의 장충단공원 연설의 한 대목을 보자.

국제 정세는 급변하고 있습니다. 내가 말한 '4대 강국의 한반도 전쟁 억제' 방안은 내가 지난 번 미국에 갔을 때 험프리 전미국 부통령도 내 설명을 듣고 "당신의 그런 훌륭한 정책을 모든 미국 지도자들이 알았으면 좋겠다."라며 널리 알려달라고 부탁했습니다. 하버드대 라이샤워 교수나 MIT 윌리엄 교수도 전폭적으로 지지하고 있습니다. 닉슨 대통령도 금년 연두교서에서 아시아 지역의 안전 보장은 4대 강국에 달려 있다고 말했습니다.

전체적으로 예증 방식을 활용해 자신의 주장이 옳다는 것을 보이는 내용이지만 이 속에는 김대중의 많은 전략이 녹아 있다. 우선 권위자들의 발언을 인용하고 있다. 앞에서 살펴본 논거 체계에서 보면 기술 외적 논거이다. 말 곳간에 '권위'라는 색인표를 찾아가 그 안에 있는 말감들을 이용하는 것이라고 할 수 있다. 미국 부통령이 김대중의 정책을 '훌륭하다'라고 평가했고 나아가 "미국 지도자들도 알았으면 좋겠다면서 널리 알려달라."라고 '부탁'까지 했다니 김대중의 에토스가 고공행진하고 있다. 이어서 세계 최고 명문인 하버드대 교수가 등장하고 MIT 교수까지 등장시켜 최고 전문가들이 자신을 지지한다고 알린다. 그것도 '전폭적으로' 말이다. 그것만으로도 충분할 것 같은데 김대중은 미국 대통령까지 들먹이며 자신의 에토스를 최고조로 끌어올린다. 세계에서 가장 힘센 사람 말이다. 즉 대한민국의 차기 대통령이 되어야 하는 사람의 생각이 미국 대통령의 생각과 일치한다는 것을 드러내고 있다. 다방면의 전문가들의 이름과 그들의 발언을 거론하면서 말이다. "그런 사람이 대한민국의 대통령이 되어야 한다."라고 주장하는 연사의 속내가 보이지 않는가?

반박하라

카이사르는 제 친구로 항상 제 믿음을 저버리지 않았고 무슨 일이든 정의롭게 행동했습니다. 하지만 브루투스의 말씀에 따르면, 카이사르는 야심을 품고 있었다고 합니다. 브루투스는 훌륭하신 분입니다. 카이사르는 어떻습니까? 그 분은 수많은 포로를 로마로 데려와 속전으로 받은 거액을 단 한 푼도 사사로이 쓰지 않고 고스란히 국고에 헌납했습니다. 그런 행동은 과연 야심에서 비롯되었을까요? 카이사르는 가난한 자들이 굶 주림에 지쳐 우는 소리를 듣고 함께 울었습니다. 그런 그의 모 습은 과연 야심에서 비롯되었을까요? 하지만 브루투스는 그분 이 야심가라고 말합니다. 브루투스는 훌륭하신 분입니다. 여러 분은 루퍼칼 축제일에 직접 목격하셨을 것입니다. 제가 로마제 국 왕관을 세 번이나 카이사르에게 바쳤지만 그 분은 번번이 거절했습니다. 그래도 그 분에게 야심이 있었다고 말할 수 있 습니까? 하지만 그 분이 야심가라고 말씀하신 브루투스는 아 시다시피 의심할 여지 없이 훌륭하신 분입니다. 저는 브루투 스의 말씀을 반박할 의도는 전혀 없습니다. 단, 제가 보고 들은 것을 여러분께 진심으로 전할 뿐입니다.

브루투스가 카이사르를 암살한 이유를 로마 시민들에게 연설한 후 이어진 안토니우스의 연설의 한 대목이다. 브루투스는 카이사 르를 사랑했지만 로마 시민을 더 사랑해 카이사르를 죽일 수밖에 없었다고 항변했다. 카이사르는 야심을 품어 그가 죽지 않으면 로 마 시민은 노예로 살 것이라고 주장했다. 브루투스의 뒤를 이어 등 장한 안토니우스는 브루투스가 "카이사르는 야심을 품고 있었다." 라고 한 말을 조목조목 따지며 반박하고 있다.

상대의 주장을 무너뜨리는 반박 요령은 리더에게 필요한 덕목이 다. 이때 몇 가지 원칙이 있다. 키케로의 말을 들어볼까?

당신은 어떤 말을 하고 있나요?

상대가 논증을 통해 주장하는 전체를 부인해야 한다. 만약 그 것이 꾸며낸 이야기이고 거짓 주장임을 증명할 수 있다면 말이 다. 개연성에 입각한 주장은 다음과 같은 방식으로 반박해야 한 다. 우선 아직 확정되지도 않은 전제를 명백한 사실로 인정했고 심지어 그같은 주장은 명백한 오류의 전제에서 출발한다고 해 도 성립 가능하므로 상대가 제시한 전제로부터 자신의 주장이 전혀 도출되지 않는다고 반박해야 한다. 그러나 개별 논거들의 경우, 개별적으로 무너뜨려야 한다. 그러면 전체도 무너질 것이 다. 무고한 사람의 생명이 흉악한 사람의 말 재주에 노출되어 있다면 누구에게나 해당되는 위험 상황임을 통탄해야 한다.

예증 방식을 빌어 효과적으로 논증한 사례를 하나 더 들어보자. 2007년 버지니아공대 총기난사 사건 때, 국내·외의 논쟁 중 하나 가 우리나라 유학생이 무고한 인명들을 살해했으므로 국가 차원 에서 미국에 사과해야 하는지 여부였다. 이때 한 기자가 자신의 생각을 설득력 있게 개진하고 있다.

대도시와 달리 내가 사는 타운에는 한인 동포들이 많지 않다. … 오늘 아침 출근하자마자 파킹랏에서 만난 사람은 미국 백 인이었다. 나는 만나자마자 라비Ravi가 어디 갔느냐고 농담을 했다. '라비'는 인도 출신의 미국인으로 얼굴은 중동 사람을 닮았고 수염이 있어 평소 알카에다 조직원이라고 놀림받던 사람이다. 혹시 '라비'가 버지니아에 가지 않았느냐고 농담을 던지고 함께 웃었다. 두 번째로 만난 사람은 내 사무실이 입주해 있는 빌딩 컴플렉스 주인인 미스 Potts였다. ⋯ 그녀는 조카인 마사와 함께 아무일 없다는 듯 사무실에서 열심히 일하고 있었다. 도둑이 제 발 저린다고 내가 먼저 사건을 언급했다. 그들은 복창하듯 "It's awful.무시무시한 사건이다"이라고 외쳤다. 그들이 Korea를 언급할 것으로 짐작하고 이런저런 얘기로 대화를 이어갔지만 Korean은 언급하지 않았다. ⋯ 그 외에도 옆사무실의 변호사와 잠시 얘기를 나누었으나 그 역시 범인이 한국 출신 이민자인지 여부에 대해서는 별 관심이 없었다. 그는 범인이 1992년 이민왔다는 것을 알고 있었다. 내가 먼저 한국인으로서 수치스럽다고 말하자 그의 대답은 "It's not shame on Korean. It's shame on him." 한 마디로 범인 자신이 부끄럽지 한국인이 부끄러운 것은 아니라는 말이다. 나는 이상에서 접촉한 미국인들의 반응이 가장 일반적이고 보편적인 모습일 것이라고 생각한다. 그의 낙서에서 인종에 대한 증오의 내용이 있었거나 학살 배후로 종교 조직이나 한국이 개입했다는 증거가 밝혀지지 않는다면 그런 범행은 개인 문제로 국한해 인식하는 것이 미국인들의 사고방식이다.

여러 명의 미국인들을 만나 그 총기사건에 대한 의견을 듣고 의견을 종합해 사안이 국가적 차원이 아니라 범행을 저지른 당사자 개인의 문제라는 결론을 귀납법으로 훌륭히 이끌어낸 사례라고 하겠다.

앞에서 살펴보았던 패트릭 헨리 연설의 본론 부분을 살펴보자. 연사는 기존의 3가지 논의를 설정해 조목조목 반박하고 있다. 다음은 그 중 한 대목이다.

그런데 우리가 그들[영국인들]에게 대항하기 위해 가진 것이 무엇입니까? 그들과 논쟁할 겁니까? 여러분, 우리는 지난 10년 간 그것을 시도해왔습니다. 그 문제에 대해 우리가 더 내놓을 새로운 것이 있습니까? 없습니다. 우리는 그 문제를 가능한 모든 각도에서 살펴보았으나 모두 허사였습니다. 그들에게 애원할까요? 지금까지 우리가 안 쓰고 남아 있는 말이 있습니까? 여러분, 나는 호소합니다. 더 이상 우리 자신을 속이지 맙시다. 여러분, 우리는 밀려오는 폭풍을 피하기 위해 할 수 있는 모든 것을 해보았습니다. 청원도 하고 항의도 하고 호소도 해보았습니다. 우리는 영국 국왕의 옥좌 앞에 엎드려 영국 내각과 의회의 학정을 막아달라고 국왕의 중재도 간청해보았습니다. 우리의 청원은 무시되었고 우리의 항의는 더 많은 폭력과 모욕을 가져왔을 뿐입니다. 우리의 호소는 무시되었고 우리는 왕의 발아래 모욕과 멸시를 받으며 쫓겨났습니다. 이런 수모를 당하고도 우리는 평화와 화해의 헛된 희망에 매달려 있어야 한다는 말입니까? 평화에 대한 희망은 허사입니다. 우리가 자유를 지키고 오랫동안 싸워 지켜온 수많은 불가침 권리들을 보존하고 우리가 오랫동안 수행해온 신성하고 영광스런 투쟁의 목표가 달성될 때까지는 결코 포기하지 않겠다고 맹세한 그 투쟁을 비열하게 포기하지 않으려면 우리는 싸워야 합니다. 무기와 신에 대한 호소만 우리에게 남은 유일한 길입니다!

연사는 비교와 대조의 논거를 활용해 현실적으로, 경험적으로 볼 때, 바람직하지 않은 수단인 '논쟁'의 무용성을 지적한다. 논쟁은 효과가 사라졌을 뿐만 아니라 오히려 더 심한 폭력과 압제를 유발했다. 여기서 원인의 논거를 사용해 지금까지 논쟁과 평화에 의존했던 청중들에게 경각심을 고취시키고 눈뜨게 한다. 이 틈을 놓치지 않고 연사는 자신이 정말 하고 싶었던 말을 꺼낸다. 바로 투쟁이다. 논쟁과 대조되는 수단으로 투쟁만 유효하다는 주장을 펴며 청중에게 호소한다. 그러나 이 투쟁에 대한 신뢰가 아직 부족한 청중을 설득해야 한다. 그들은 우리에게 아직 그럴 힘이 없다고 생각한다. 연사는 이런 의구심을 타파하기 위해 더 세밀한 전략을 편다. 바로 투쟁이 가능하다는 논거를 꺼내야 할 텐데 이것을 뒤로 미루고 우선 시간을 논거로 활용한다. 힘이 충분

당신은 어떤 말을 하고 있나요?

하든 아니든 투쟁할 시간을 늦추면 아무 소용없다는 논지를 편다. 이 시간의 중요성을 강조하면서 연사는 마지막 남은 청중의 의구심을 잠재운다.

이 연설은 심의형에 속한다. 즉 정책을 논하는 텍스트라는 것이다. 아직 일어나지 않은 사안을 검토하고 그것이 유용하고 실현 가능한지 따져보는 성격이 있다. 지금 전쟁하는 것이 유용할 뿐만 아니라 승리할 수 있다는 것을 보여준다. 투쟁이 곧 유용성과 실현 가능성의 논거를 만족시키는 최선의 방법이라는 사실을 논증하고 있다.

아리스토텔레스는 입증이나 반박을 할 때, 귀납법보다 연역법이 더 효과적이라고 했다. 추론을 통한 논증은 내용에 뭔가 대단한 것이 들어 있는 것 같은 마법을 불러일으킬 수 있기 때문이다. 그래서 청중에게 놀라움을 선사하고 생략된 전제를 보충하면서 논의에 동참할 수 있는 기반을 마련하기도 한다. 결국 연사의 주장에 더 동조하는 마음이 생길 수 있는 것이다. 물론 예증이 설득력을 더 발휘하는 경우도 많다. 예를 들어, 정책을 따지는 연설에서는 과거 사례들을 모아 귀납적으로 엮어내면 미래에도 그럴 수 있을 것이라는 주장에 힘을 보탤 수 있다. 청중이 연사를 어떻게 생각하는가에 따라서도 논증 방식은 달라질 수 있다. 연사에게 호감이 있다면 연역법도 무방하다. 그러나 호감이 없다면 귀납법이 더 효과적이다. 자신의 주장을 뒤에 꺼내는 것이 효과적이라는 말이다.

마무리

연설 마무리 부분에서는 지금까지의 연설 내용을 청중이 받아들이도록 하는 데 신경써야 한다. 자신의 강점을 부각시켜야 하므로 감정이 적극 개입할 수 있는 부분이다. 핵심 내용을 요약해 보여주고 그것이 가슴 속에 오래 남도록 노력해야 한다. 아리스토텔레스는 연설의 마무리 부분에 오면 연사는 4가지에 주목하라고 조언한다.

첫째, 청중이 자신에게 호의적이고 상대에게 반감을 갖도록 유도해야 한다. 둘째, 키울 것은 확대하고 줄일 것은 축소해야 한다. 셋째, 청중의 감정을 자극해야 한다. 넷째, 청중이 요점을 기억할 수 있도록 해야 한다.

키케로는 연설 마무리 부분에서 연사가 특별히 할 일은 강조와 요약이라고 일러준다.

강조하라

영화 〈A time to kill〉에서 변호인의 최종 변론이 정말 인상적이다. 줄거리는 이렇다. 한 흑인 소녀가 두 명의 백인 청년에게 능욕을 당하고 잔인하게 살해당하자 격분한 아버지는 그들을 사살한다.

아버지는 법정에 섰고 검사와 변호인 간 공방이 오가다가 드디어 변호인이 최종 변론을 시작한다.

제가 이야기하는 동안 모두 눈을 감아 주십시오. 저와 여러분 자신의 이야기를 들으십시오. 그래요, 눈을 감으세요. 어느 날 오후, 가게에서 집으로 돌아가는 어린 소녀가 있습니다. 갑자기 트럭이 서고 두 남자가 소녀를 잡습니다. 근처로 끌고 가 소녀를 묶습니다. 소녀의 옷을 찢어버립니다. 그리고 올라탑니다. 번갈아 어린 소녀를 범합니다. 모든 순수한 것을 파괴합니다. 술과 땀냄새에 절어 거칠게 말입니다. 그 일이 끝나자 아이의 작은 자궁은 죽습니다. 그 아이 이후의 생명들과 자손들을 잉태할 기회까지 모두 사라진 것이죠! 아이를 표적삼아 그들은 맥주 캔을 던집니다. 얼마나 세게 던지는지 살이 찢기고 뼈가 드러납니다. 이제 목을 매달 차례입니다. 순식간에 소녀의 목이 졸리고 허공으로 끌려올라가 발버둥치는 것을 상상해보십시오. 하지만 약한 나뭇가지는 부러지고 그녀는 떨어집니다. 그들은 소녀를 트럭에 싣고 다리로 가 내던집니다. 소녀는 9m 다리 아래로 떨어집니다. 소녀가 보입니까? 성폭행당하고 얻어맞아 부서진 몸 말입니다. 그들의 오줌에 젖고 정액에 젖고 자신의 피에 젖어 죽은 것이 보입니까? 어린 소녀를 그려보십시오. 그녀를 백인이라고 생각해보십시오. 이상입니다.

변호인은 사안에 감정을 제대로 싣고 있다. 상대의 악행을 부각시켜 배심원의 분노를 일으키고 있다. 아울러 사신의 의뢰인은 어쩔 수 없는 상황에서 범행을 저질렀다며 배심원의 동정심을 유발하고 있다. 앞에서 보았던 아리스토텔레스의 마무리 원칙을 변호인이 잘 실천하고 있다는 생각이 들지 않는가?

요약하라

앞에서 언급했듯이 모든 연설에 요약이 필요한 것은 아니다. 예를 들어 법정에 선 피고가 자신의 행위를 배심원이 기억하지 못할까봐 다시 상기시키면 되겠는가? 요약이 필요하다면 청중이 반드시 숙지해야 할 내용을 핵심 문장으로 만들어 각인시키는 것이 효과적이다. 그래서 노련한 연사들은 경구나 속담 등을 인용해 마무리한다. 앞에서 보았던 스티브 잡스 연설의 마무리 장면을 보자.

제가 어렸을 때 지구 백과로 불리던 놀라운 출판물이 있었습니다. 그것은 우리 세대에게 바이블 같은 존재였죠. … 최종판 뒷표지에 … "갈망하라, 우직하게 나아가라."라고 쓰여 있었습니다. 이것이 그들이 남긴 마지막 고별 메시지였던 것입니다. '항상 갈망하라, 우직하게 나아가라' 그리고 저는 항상 스스로 그렇게 되기를 바랐습니다. 그리고 졸업과 함께 새롭게 시작하는 여러분도 그렇게 되기를 기원합니다. '항상 갈망하고 우직하게 나가십시오.' 대단히 감사합니다."

이야기를 엮어가는 연사의 솜씨가 탁월하다. 어찌보면 앞에서 언급된 내용이 나오지 않는 것 같아 "이게 무슨 마무리지?"라는 생각이 들 수도 있다. 뜬금없이 지구 백과 이야기를 꺼내지 않나, 생략해 그렇지 책 뒷표지의 그림이 어떻다든지 이야기가 꽤 장황하게 펼쳐진다. 그러다가 드디어 마무리 부분에 핵심 문장이 나온다. "항상 갈망하라, 우직하게 나아가라Stay hungry, stay foolish!" 그것도 세 번이나 반복해 말이다. 연사는 본론 부분에서 3개의 키워드로 이야기를 풀어가는데 전체 메시지는 '내면의 소리에 귀기울여 가슴에서 우러나는 자신만의 삶을 살아가라!'라고 요약할 수 있다. 만약 했던 말을 줄여 메시지를 반복했다면 청중은 지루했을 것이라고 연사가 판단한 것은 아닐까? 참신한 소재를 다시 꺼내 서사를 만들고 그 마지막 부분에 핵심 문장을 배치한 연사의 의도가 돋보인다. 연설의 전체 주제를 참신하고 간결한 표현으로 요약한 마무리라고 할 수 있다.

연설 구성은 앞에서 살펴본 설득의 3요소와 연관지어 설명할 수도 있다. 시작 부분은 연사의 품격을 보여주는 자리다. 에토스에 신경써야 한다. 청중으로부터 초반에 호감을 얻기 위해 연사가 무엇을 할 수 있는지 고민해야 한다. 연설 중심부에서는 로고스가 중요하다. 설득력을 높이기 위해 심혈을 기울여야 한다. 연역과 귀납 등 논증 원리를 이해하고 주장의 정당성을 확보하기 위해 조목조목 근거를 댈 수 있어야 한다. 연설의 마무리는 청중의 감동을 이끌어내는 자리다. 파토스에 집중해야 한다. 청중의 감정을 끌어올리는 요소를 알고 있어야 한다. 감정과 표현을 잘 연결해 효과적으로 마무리할 수 있어야 한다. 그렇다고 논리와 감정을 특정 부분에서 일률적으로 사용하면 안 된다. 반드시 필요하다면 본론에서 논증을 전개하는 자리에서도 감정에 호소할 수 있어야 한다. 그리고 본론이나 마무리에서도 연사의 품격을 높이는 계기가 왔다고 판단되면 연사의 에토스를 보여야 한다.

연설의 구성원리	
시작	호감을 사라 관심을 끌어라 이해를 도와라
사안 설명	명확히 설명하라 간결히 설명하라 신빙성 있게 설명하라
논증	입증하라 반박하라
마무리	강조하라 요약하라

당신은 어떤 말을 하고 있나요?

수사적 소통의 제 3원리 표현의 원리   03

이제 본격적으로 생각과 말이 만나는 단계다. 발견한 논거를 적절히 배치하고 어떻게 표현할지 고민해야 한다. 연사의 생각 속으로 들어갈 수 없으므로 그의 말로 그를 알 수밖에 없다. 그러니 표현에 각별히 신경써야 한다. 이 부분을 수사학의 전부라고 부른 시절이 있었다. 소위 '줄어든 수사학'이다. 또 이 부분만 떼어내 연구하는 분야가 문체론이다. 문체, 말투, 어투 모두 같은 개념으로 이해할 수 있는데 영어로는 style이라고 한다. 문체론은 스타일을 연구하는 이론이다. 글이나 말과 관련해 문체나 어투로 번역할 수 있는데 문체라면 두 거장이 떠오른다. 독일 철학자 쇼펜하우어와 프랑스 박물학자 뷔퐁이다. 쇼펜하우어는 말한다. "문체는 정신의 외양이다.Der Stil ist die Physiognomie der Geist." 즉 어투는 생각이 밖으로 드러난 모습이다. 뷔퐁은 더 포괄적으로 말한다. "문체는 곧 그 사람이다Le style, c'est l' homme méme". 말을 보면 사람을 알 수 있다는 뜻이다. 말과 글은 그렇게 중요한 것이다. 수사적 소통의 제 3원리에서는 표현과 관련해 크게 3가지를 알아볼 것이다. 표현의 덕목, 표현의 유형, 표현을 변형시키고 조작하는 방법에 대해 살펴보자.

•●

표현의 덕목

우리의 입에서 나오는 말이 모두 좋은 표현이면 얼마나 좋겠는가? 좋은 표현이 지켜야 할 원칙이 있다. 표현이 지녀야 할 덕목은 4가지다. 정확성, 명확성, 적절성, 참신성이다.

정확하게 표현하라

정확한 표현은 금세 알 수 있다. 정확성은 말의 형식과 밀접한 관련이 있다. 말은 기본적으로 문법에 맞아야 한다. 어법이나 규칙을 준수해야 한다. 어원을 따지고 유추를 추적하면 표현의 정확성을 기할 수 있다. 의문이 생기면 의문의 여지가 전혀 없는, 다른 유사한 것을 토대로 유추해낼 수 있고 어원의 출처를 따져 가릴 수 있다. 예를 들어보자. 고대 그리스에서 수사학이라는 단어가 처음 나왔을 때 테크네tekhnê라는 말과 함께 사용되었다. 이 말은 우리말로 옮기기 쉽지 않다. 보통 '기술'로 번역된다. 그리스어 tekhnê는 라틴어로 옮기면 ars가 되고 영어로는 art가 된다. 그런데 이 테크네가 예술 분야에 적용되면 예술로도 번역되고 이것을 포괄적으로 기예技藝라고 옮기기도 한다. 테크네의 정확한 의미를 짚어내기 쉽지 않다. 그래서 동일한 어원의 다른 말 tektôn목수을 빌어 설명해본다. 두 단어 모두 tek-에서 왔다. 이 말은 건축 현장에서 사용되었는데 특히 목재로 짜맞추는 행위와 관련있다고 한다. 즉 목재를 다루는 데 특별한 재주를 발휘하는 사람이 텍톤이고 텍톤이 보여주는 솜씨와 재주가 테크네였다는 사실을 유추할 수 있다.

그리고 언어 사용의 관례를 따를 때, 표현은 정확해진다. 말을 할 때는 무엇보다 현재 실제로 사용하는 언어를 기준으로 해야 한다. 더 정확히 말하면 교양 있는 평균적인 시민이 합의해 현재 사용하는 언어를 써야 한다. 은어를 사용하거나 특정 계층이 사용하는 말이나 방언을 사용해도 표현의 정확성이 떨어진다.

한편 고풍스런 표현은 연설에 품위를 부여하고 청중의 신뢰를 얻는다. 고풍어는 일상에서 더이상 사용되지 않거나 드물게 사용되는 단어이지만 지난 사실을 이야기할 때는 자주 사용된다. 그래서 작가들은 역사적 효과를 불러일으킬 때, 고풍어를 즐겨 사용한다. 고풍어가 가진, 상궤를 벗어난 특성이 표현에 진기함을 부여해 극적 효과를 높인다.

표현의 정확성을 위반하는 사례는 종종 개별 단어나 단어의 결합에서 나타난다. 개별 단어의 오류는 발음이나 문법 규정에서 벗어난 경우 볼 수 있다. 단어 결합상의 오류는 어순을 잘못 배치하거나 불필요한 표현을 중복 사용하는 경우 종종 나타난다. 따라서 연사는 표준어 사용 규칙을 지키고 언어의 형식적 성확성을 기하기 위해 부단한 노력을 기울여야 한다.

명확하게 표현하라

명확성은 내용과 관련된다. 뜻이 애매한 표현을 쓰면 안 된다. 소리는 같은데 뜻이 다른 말이 있다. "나는 밤을 좋아한다."라고 하면 '먹는' 밤인지 '캄캄한' 밤인지 헷갈린다. 동음이의어다. 물론 맥락을 통해 구별할 수 있지만 구두로 전할 때는 더 세심히 신경써야 한다. 키케로는 "말을 길게 하거나 축약하거나 중의적으로 표현하거나 격을 잘못 사용하거나 비유를 잘못 하면 말이 불분명해진다."라고 했다. 그리고 명백히 말하려면 한 번에 한 가지 사안만 다루라고 조언한다. 퀸틸리아누스는 '그 표현보다 더 적당한 것으로 대체될 수 없는 것'을 가장 좋은 표현으로 간주했다. 명확한 표현을 위해서는 말의 순서도 신경써야 하고 작위적으로 돌려 말해서도 안 된다. 듣는 사람이 쉽게 이해할 수 있어야 한다는 뜻이다. 장황하게 말해서도 안 되고 지나치게 줄여 말해서도 안 된다.

우리에게는 이해의 용이성이 표현의 가장 중요한 특성이라고 할 것이다. 원래의 명칭, 일목요연한 어순, 적당히 문장 끝내기, 이 중 어느 것도 없으면 안 되고 어느 것도 불필요한 것이 되어

당신은 어떤 말을 하고 있나요?

서는 안 된다. 이대로만 하면 우리의 연설은 전문가로부터 박수
받을 만한 것으로 보이고 교육받지 못한 사람에게는 쉽게 이해
되는 것으로 보일 것이다.

특별히 정황을 묘사할 때는 듣는 사람의 눈앞에 그림을 펼쳐보
일 수 있어야 한다. 그러려면 표현이 선명해야 한다. 개별 단어선택
부터 단어를 결합해 잘 표현하는 전 과정에 세심히 신경써야 한다.
즉 듣는 사람이 직접 보고 있는 것처럼 생생히 묘사할 수 있어야
한다.

자신의 고향을 아끼고 고향 사람을 사랑하는 마음은 옛부터
내려오는 좋은 풍습입니다. 그러나 고향을 사랑하고 고향 사
람을 아낀다는 것은 곧 나라를 사랑한다는 말입니다. 애향심
도 차원을 높여 내 마을과 내 고장을 사랑하는 마음이 커져 애
국심으로 발전되고 승화되어야 참다운 애향심입니다. 내 고향
만 고집하는 것은 옹졸합니다. 전라남도의 각 시군 대항 축구
대회를 공설운동장에서 한다고 칩시다. … 광주 시민들은 광주
시 대표선수단을 열렬히 성원할 것입니다. 그러나 한 차원 높
여 전국 도 대항 축구대회를 한다고 칩시다. 그 경우 여러분은
… 전라남도 대표선수를 열광적으로 성원하고 응원할 것입니

다. 더 차원을 높여 국가대표를 뽑는다고 생각해봅시다. … 그 경우, 그가 전라남도 출신이든 경상도 출신이든 충청도 출신이든 여러분은 지역을 가리지 않을 것입니다. 아마도 우리 도 출신이 아니기 때문에 응원하지 않겠다는 사람은 한 명도 없을 것입니다. 하지 말라고 해도 자신도 모르는 사이에 열광적으로 응원할 것입니다. 그렇지 않습니까? 그것은 인지상정이며 애향심이 차원을 높여갈 때 애국심과 직결되지 않습니까? 그렇다면 이번 선거에서 뽑는 것은 무엇입니까? 전라남도 대표선수를 뽑는 것이 아닙니다. 우리 대한민국 국가대표 선수를 뽑는 것입니다.

광주 시민이 자신보다 김대중을 더 좋아한다는 것을 누구보다 잘 아는 박정희는 우회해 청중에게 어필하는 전략을 사용한다. 고향과 고향 사람을 사랑하는 마음은 우리나라 사람들의 미풍양속이라고 말한다. 광주 시민이 김대중을 지지하는 것은 당연한 것이고 그것이 애향심이라고 치켜세우며 논의를 확장시켜나간다. 그리고 애향심의 차원을 높여 애국심으로 발전하고 승화되어야 한다고 강조하며 축구 경기를 예로 들어 풀어가고 있다. 일체의 네거티브 없이 오직 표현만 바꿔 청중에게 다가간다. 청중의 공감을 내세우고 있지만 사실 고도의 전략이 숨어 있다. 김대중을 뽑으면 전라도 체육대회나 전국체육대회에서는 이길 수 있으나 국가대항

전에서는 이길 수 없으니 진정한 국가대표는 자신임을 은연중 암시하고 있다. 이때 명확한 표현이 큰 역할을 하고 있다. 점층법으로 귀를 즐겁게 하고 비유법으로 눈 앞에 그림을 그리고 있다.

적절하게 표현하라

어느 시골 마을, 한 할머니가 팔순을 맞았다. 자식들은 잔치를 준비하고 지역 유지에게 축사도 부탁했다. 적절한 축사를 어떻게 할 수 있을까? 우리는 살아가면서 이런 경험을 할 수 있다. "○○○ 할머님의 팔순을 진심으로 축하드립니다. 제가 어릴 때 할머님댁 앞을 지나가면 저를 불러 맛있는 고구마도 주시고 항상 따뜻하게 대해주시던 할머님께서 이렇게 건강하신 모습으로 팔순 잔치를 하시게 되니 기쁘기 그지없습니다."라고 시작한다면 추억을 떠올리고 할머니의 좋은 인품을 드러내 기쁘게 해드리고 모임의 성격을 잘 전달하니 적절한 표현이라고 할 수 있다. 그런데 주객이 전도되는 경우도 많다. 예를 들어, 짧게 인사하고 자신이 이 마을을 위해 일해왔던 업적을 소개하며 자기 자랑을 늘어놓으며 일장 연설한다면 어떻겠는가? 혹시 다음에 시의원 선거라도 나가려는지 모르겠으나 그래서야 되겠는가?

 말하는 사람과 듣는 사람은 물론 상황과 사안을 모두 고려해야 하는데 이게 그리 쉬운 것이 아니다. 키케로는 적절성과 관련해 중요한 원리를 제시한다. 바로 "각 척도에 따라 suus cuique modus"이다. 앞에서 들었던 수사적 소통의 제 3조건인 '조화롭게 말하라'의 핵심 키워드다. 모든 일에는 항상 그에 맞는 척도가 있기 마련이다. 당연히 말도 척도를 지켜야 한다. 항상 저울을 가지고 다녀야 한다. 갑자기 웬 저울? 지금 이 상황에 꼭 필요한 말인지, 너무 지나친 표현은 아닌지, 조화를 잘 이루는지, 어려운지, 쉬운지 등등 여러 가지를 따져보라는 말이다. 적절한 말이 신뢰를 얻는다. 너무 다듬어져 있거나 지나치게 세련된 말은 오히려 신뢰를 잃는다. 그래서 할 말을 저울에 올려놓았을 때 사람, 사안, 상황과 잘 어울려 조화를 이루는지 살펴보아야 한다.

말하는 사람은 자신의 연령과 직업에 걸맞는 표현을 할 수 있어야 한다. 나이가 든 사람에게는 대담하고 화려한 표현보다 간명하고 정제된 표현이 어울린다. 젊은이에게는 권위를 지키려고 애쓰는 모습보다 패기 넘치는 열정이 적합하다. 표현은 말하는 사람의 성품을 나타내는 시금석이다. 말하는 사람이 피해야 할 태도가 있다. 첫째, 잘난 체하지 말 것, 둘째, 무례하지 않을 것, 셋째, 신경질내지 않을 것, 넷째, 아부하지 말 것, 다섯째, 억지로 웃기지 말 것, 이것만 조심하면 표현은 적절성에서 크게 벗어나지 않을 것이다.

듣는 사람은 말하는 사람의 표현 선택에 많은 영향을 미친다. 청중 규모, 연령대, 직업, 교양 수준, 성향에 따라 표현은 그때그때 바뀔 수 있다. 같은 주제도 청중의 특성에 따라 표현법이 달라져야 한다는 말이다. 그래서 적절한 표현 선택 능력은 어느새 말하는 사람의 덕목이 되었다. 키케로는 원로원에서 말할 때는 냉철하고 이성적이지만 일반 시민 앞에서 말할 때는 사안을 단순화시켜 구체적인 설명보다 감정에 호소했다고 한다.

사안에 따라서도 표현은 달라져야 한다. 중대한 사안을 다룰 때는 소홀히 말하면 안 되고 가치 없는 것을 다룰 때는 진지하게 말하면 안 된다. 안 그러면 코미디가 된다. 사안과 어울리는 표현은 사안에 신뢰를 준다. 오만불손한 태도에는 분노하고 파렴치한 행위에는 혐오감을 표출해야 한다. 수치스런 것에는 강한 거부감을 느끼고 말하는 것조차 꺼려야 한다. 칭찬할 것에는 경탄하며 말해야 하고 동정심을 유발할 때에는 겸손한 표현이 제격이다.

적절성은 인간사의 수많은 영역에서 광범위하게 적용되는 덕목이다. 적절성은 무엇보다 청중은 전형적이고 관습적인 것에 익숙하다는 사실에 주목한다. 수사학은 어디서나 반복되는 상황과 행동 방식에 대한 청중의 기대 수준을 채우기 위해 노력한다. 적절성은 다양한 학문을 논하는 자리에서도 주요 개념으로 등장한다. 예를 들어, 아리스토텔레스는 『시학』에서 드라마에 나오는 인물의 성격은 인물의 연령, 성별, 그가 처한 상황과 모순되면 안 된다고 강조한다. 호라티우스의 『시학』에서도 적절성의 원칙은 그의 전체 문학 이론을 관통하는 준거로 작동한다. 그에 의하면 문학 작품을 구성하는 모든 요소는 조화를 이루고 청중의 취향을 고려해야 한다. 표현이 썰렁해지는 것도 어쩌면 적절성이라는 덕목을 지키지 못해 생긴다. 표현이 썰렁해지지 않으려면 어떻게 해야 할까? 3가지 관점에서 볼 수 있다.

첫째, 연사는 표현할 때 집중력을 유지해야 한다. 자신이 말할 차례가 되면 항상 깨어있으라는 뜻이다. 이 원칙은 적절성에만 적용되는 것은 아니다. 집중하지 않은 상태에서 나오는 표현은 장황하거나 함량 미달이다.

둘째, 쓸데없는 명예심을 버려야 한다. 그것은 표현을 쓸모없게 만든다. 거만하거나 폼 잡는 사람을 보면 우습지 않은가? 그런 뉘앙스의 표현에 항상 편치 않은 것도 같은 맥락이다.

셋째, 표현할 때 여유가 있어야 한다. 남 앞에서 말하는 것은 여간 부담스런 일이 아니다. 부담을 가지면 급해지고 알아듣기 힘든 표현이 나오게 된다. 발음도 꼬이고 단어도 엉켜 표현의 기본인 정확성도 기할 수 없게 된다.

참신하게 표현하라

'보기 좋은 떡이 먹기도 좋다'라고 했던가? 내용도 중요하지만 그것을 전달하는 형식도 중요하다는 말이다. 명료하고 정확한 표현은 말하는 사람이 반드시 갖춰야 할 덕목이지만 실수 없이 정확히 표현했다고 대단한 인정을 받는 것은 아니다. 아직 갈 길이 멀다. 명료함과 더불어 표현이 참신하고 매력적이어야 청중의 관심을 끌 수 있다. 표현의 장식에 대해 퀸틸리아누스는 다음과 같이 말했다.

연설의 장식은 사안을 위해서도 무익한 것이 아니다. 듣는 사람은 즐거운 마음으로 더 주의해 귀기울이고 더 쉽게 설득되

기 때문이다. 종종 그는 즐거움에 사로잡히고 경탄한 나머지
마음까지 뺏긴다.

　매력적인 표현이 되려면 단어 하나하나의 선택에도 신경써야 한
다. 흔히 쓰는 단어는 별 매력이 없다. 못 들어본 새로운 단어나 표
현이 청중을 더 집중하게 만든다. 일상적이지 않은 단어로는 고어,
은어가 있고 못 들어본 단어로는 외국어나 방언이 있다. 새로운 표
현으로는 신조어나 전문 기술용어를 떠올릴 수 있다. 하지만 참신
하게 표현한다고 비표준어를 남발하면 안 된다. 학생들은 요즘 이
렇게 자주 말한다. "걔 어때? 포스가 레알 쩔어." 외래어와 은어가 결
합되어 그야말로 국적 없는 언어다. 나도 가끔 수업 중에 학생들의
집중을 유도하기 위해 이런 표현을 쓴 적이 있다. 사적인 자리에서
분위기를 띄우기 위해서라면 모를까 공적인 자리에서는 쓰면 안 되
는 표현이다. 키케로는 매력적인 표현을 위해 연사는 항상 고민해
야 하지만 고어나 은어는 지극히 가끔만 사용해야 한다고 말한다.
　표현의 참신성을 위해 무엇보다 중요한 것은 매끄러운 연결과
리듬이다. 그리고 말하는 사람의 생각이 잘 드러나고 상황을 적절
히 고려한 내용을 표현의 광채로 연설 전체를 매력적이고 활기차
게 만드는 데 신경써야 할 것이다. 이런 역할을 제대로 하는 것이
바로 무늬와 비유로 알려진 수사법이다. 이에 대해서는 뒤에서 자
세히 언급하기로 하고 여기서는 이런 수사법으로 표현이 참신해진

사례를 하나씩 드는 선에서 그치기로 한다. 먼저 연결을 매끄럽게 해주고 리듬감이 살면서 표현이 매력적으로 바뀐 연설을 보자. 김구 선생의 유명한 연설 〈내가 원하는 나라〉에 이런 대목이 나온다.

> 우리의 적이 우리를 누르고 있을 때는 미워하고 분노하는 살벌한 투쟁 정신을 길렀지만 이미 적이 물러갔으니 우리는 증오의 투쟁을 버리고 화합의 건설을 일삼을 때다. 집안이 불화하면 망하고 나라 안이 갈려 싸우면 망한다. 동포 간의 증오와 투쟁은 망조다. 우리의 용모에서 화기가 빛나야 한다.

부드러운 연결과 살아 있는 리듬감이 느껴지지 않는가? 대구와 대조로 조화를 이루어 연결이 부드럽다. 적에 맞설 때와 적이 물러갔을 때는 상황이 다르니 온 국민이 서로 증오와 투쟁이 아닌 화합과 건설에 매진하자고 역설하고 있다. 그리고 집안에서 국내로 범위를 확대하고 있다. 점층법이다. 음악 기호로 치면 '크레센도'다. 앞부분에 '불화하면'이라고 쓰고 뒤에는 뜻은 같지만 '갈려 싸우면'이라고 표현을 바꿔 변주하고 있다. '망하고', '망한다'를 반복하며 안정감을 준다. 귓가에 음악 선율이 흐르는 것 같지 않은가?

이번에는 비유법을 사용해 표현을 참신하고 매력적으로 만든 사례를 보자. 제2차세계대전이 막바지로 치닫던 1944년 12월, 독일은 마지막 여세를 몰아 총력을 폈지만 호전될 기미는 전혀 안 보였다.

이에 선전장관 요제프 괴벨스는 총통에 대한 믿음을 더 확고히 하기 위해 종교 용어의 비유적 표현으로 독일 국민에게 연설하고 있다.

나는 올해 마지막 날 독일 국민에게 총통 각하에 대해 이야기 하고 싶습니다. 그 분께서 이 세상 사람들에게 무엇을 말씀하 시고 주실 수 있는지 그리고 그 분의 사랑이 그 분의 민족을 초월해 온 인류에게 얼마나 심원한지 세상 사람들이 진실로 알게 된다면 그들은 이 순간 그들의 그릇된 신들과 작별을 고 하고 총통 그 분께 충성 맹세를 표하게 될 것입니다. 그 분은 인간 중에서 가장 위대하신 분이십니다. 그 분은 진리 그 자체 입니다. 그 분이 얼마나 큰 힘을 발산하시고 얼마나 강하신지, 다른 사람들에게 많은 힘을 나눠주는 것을 알고 계신지 피부 로 느끼고 싶다면 우리는 그저 그 분 가까이 머물면 됩니다.

괴벨스는 히틀러를 신격화하고 있다. 표현의 형식과 내용을 보 니 마치 성서를 읽는 것 같다. 다만 '주 예수 그리스도'가 들어갈 자리에 히틀러가 들어갔다. 예수의 속성인 '인류를 초월한 사랑', '인간 중 최대 위인', '진리 그 자체' 등의 비유적 표현이 히틀러를 대신하고 있다. 뿐만 아니라 괴벨스는 '총통 각하'를 한 번 쓰고 인 칭대명사 '그 분'을 줄곧 사용해 총통 각하를 명사적 구체성으로 부터 추상적, 대명사적 은유로 바꾸면서 온 인류의 대표자 위치까지 격상시키는 효과를 노리고 있다. 괴벨스는 비유적 표현으로 인간의 종교적 심성을 교묘히 자극해 히틀러를 대신해 예수의 형상을 청중의 눈앞에 그리고 있다.

표현의 유형

표현의 유형은 3가지로 분류할 수 있다. 엄밀 스타일genus tenue, 중간 스타일genus medium, 웅장 스타일genus grande이다. 이 3가지 유형은 단순체, 보통체, 숭고체로 잘 알려져 있다. 그런데 용어를 이렇게 옮기면 단순체는 낮은 것이고 숭고체가 우위에 있는 것처럼 오해할 수 있다. 표현의 유형은 그런 것이 아니다. 각 표현들마다 어울리는 상황이 따로 있는 것이지 그 표현에 가치가 개입되는 것이 아니다. 사안과 연설 목적에 따라 표현 유형이 달라진다. 논증이 필요하면 엄밀 스타일, 격정을 불러일으키려면 웅장 스타일, 즐거움을 제공하려면 중간 스타일이 적당하다.

엄밀 스타일: 감정을 넣지 말고 표현하라

나의 공약에 대해 공화당이 실천 가능성이 없다고 합니다. 이 중곡가제와 도로 포장, 초등학교 육성회비 폐지, 기타 지금까

당신은 어떤 말을 하고 있나요?

지 내가 내세운 공약에 모두 690억 원이 필요합니다. 지금 우리나라 예산 5,200억 원의 1할 5부만 절약해도 750억 원이 나옵니다. 오늘날 특정 재벌과 결탁해 합법적으로 면세해준 세금만 1,200억 원입니다. 정권을 잡아 받아들일 것을 받아들이면 이같은 일을 하면서도 오히려 800억 원이나 남는다는 것을 여러분에게 말씀드립니다.

김대중의 장충단공원 연설의 한 대목이다. 상대를 비판하고 있다. 박정희 대통령 말이다. 자신의 공약에 대한 실천 가능성을 거론하는 데 대해 객관적인 수치를 들어가며 조목조목 따지고 있다. 당연히 자신의 공약이 실천 가능하다는 것을 강조하는 것이다. 즉 상대가 제시한 전제로부터 자신의 주장이 전혀 도출되지 않는다는 사실을 설득력 있게 반박하고 있는 셈이다. 아울러 공약 이행에 드는 거액이 항목별로 명확히 언급되고 거기에 정확한 계산까지 덧붙여 연사의 논리력이 더 돋보인다.

연설 목적과 사안에 따라 감정을 전혀 개입시키지 않고 표현하는 것이 효과적일 때가 있다. 논증이 목적인 연설은 표현에 감정을 배제하려고 노력해야 한다. 이런 연설은 간결하고 명료한 표현이 좋다. 그리고 일반적인 사안을 다룰 때도 감정을 배제해야 한다. 소소한 일상을 말하는데 웅장한 표현을 사용하면 당연히 이상하지 않겠는가? 연설 구성에도 감정을 넣지 않아야 더 효과적인 부분이 있다. 바로 사안 설명과 논증 부분 말이다. 대략적인 사안을 알려주고 주장의 근거를 제시하는 자리에서 논리보다 감정이 앞선다면 생뚱맞은 느낌이 들 것이다.

웅장 스타일: 감정을 최대한 살려 표현하라

슬픔을 참을 수 없는 분들은 지금부터 실컷 눈물을 흘리십시오. 여러분은 모두 카이사르가 입고 있던 이 망토를 기억하실 겁니다. … 자, 여기를 보십시오. … 이 상처는 카이사르가 친자식처럼 사랑했던 브루투스의 칼에 처참하게 당한 것입니다. 브루투스가 자신의 가증스런 칼을 카이사르의 몸에서 뽑자 그분의 몸에서 선혈이 콸콸 솟구쳐 문밖까지 흘러나왔던 것입니다. 브루투스가 얼마나 잔인무도한 짓을 저질렀는지 이해되실 겁니다. 아시다시피 카이사르는 브루투스를 그토록 지극히 보살펴주었건만 세상에서 가장 잔인무도한 패륜이 자행되었습니다. 훌륭한 카이사르는 자신에게 칼을 들이대는 브루투스를 보았을 때, 배신자들의 흉기보다 그들의 배은망덕한 태도에 몸서리치면서 쓰러졌던 것입니다. 그 분의 강철 같은 심장은 산산조각나고 말았습니다. … 로마 시민 여러분, 이처럼 어처구니없는 일이 또 어디 있겠습니까? 저와 여러분 우리 모두의 불행이 아닐 수 없습니다. 피로 물든 반역 행위가 우리를 엄습했습니다. 오, 여러분, 이제 애도합시다! 마음 속에서 우러나는 눈물이야말로 진정한 눈물입니다. 여러분은 피로 물든 카이사르의 옷가지를 바라보기만 해도 눈물을 흘리지 않을 수 없을 것입니다. 자, 여러분, 여기를 보십시오! 보시다시피 배신자들에게 당한 그 분의 모습입니다.

카이사르가 암살당했는데도 로마 시민이 슬퍼하지 않고 감정의 동요를 보이지 않자 안토니우스는 실망을 금치 못한다. 브루투스의 연설을 듣고 설득되었기 때문이다. 안토니우스는 청중의 마음을 자신 쪽으로 어떻게 돌릴 수 있을지 많이 고민한 것이 틀림없다. 처음에는 브루투스의 말을 논리적으로 반박하고 뒤이어 청중에 호소한다. 이성으로 입장을 견고히 하고 감정으로 담금질한다고나 할까? 이성과 감정의 조화가 잘 이루어진 셈이다.

청중의 감동을 이끌어내려면 표현에 감정을 잘 실어야 한다. 조국을 지키다가 전장에서 목숨 바친 호국영령들을 추모하는 자리를 떠올려보자. 이때는 감정이 많이 개입되어도 흠이 안된다. 망자들을 지상 최대의 영웅으로 묘사하고 영웅들의 목숨을 앗아간 자들을 악의 근원으로 묘사할 수 있어야 한다. 화려하고 웅장한 표현을 자유자재로 구사할 수 있어야 한다. 감정의 스펙트럼은 클수록 효과적이다. '천재와 범인, 흠이 있는 숭고가 흠이 없는 범용보다 낫다.' 롱기누스가 썼다고 전해지는 『숭고론』33장의 제목이다.

그는 '세련되고 우아하게 글을 쓰는, 흠이 없는 작가'보다 '맹렬한 기세로 닥치는 대로 불사르다가도 때로는 느닷없이 불이 꺼져 비참하게 넘어지는' 작품을 사람들이 더 좋아할 것이라고 말한다. 엄밀 스타일과 웅장 스타일을 비교하면 다음과 같다. 중간 스타일은 이 둘의 중간을 의미한다.

	엄밀 스타일	웅장 스타일
텍스트 유형	산문(학술적)	운문(행사적)
감정 개입	감정 배제(이성적)	감정 고조(감정적)
논증의 성격	치밀, 엄격	비약, 느슨
장식 정도	간결, 소박	화려, 웅장
목소리의 질	작고 낮음, 고른 호흡	크고 높음, 거친 호흡
전달 방식	차분, 냉정	흥분, 격정

중간 스타일: 중간으로 표현하라

2013년 여름, 뉴질랜드는 동성 결혼 법안이 법안을 통과시켰다. 워낙 첨예한 사안이어서 많은 시민들이 회의장을 메우고 의원들은 긴장하는 분위기가 역력했다. 법안 표결에 앞서 몇몇 의원들이 연단에 나와 자유 발언 시간을 가졌는데 이 중 법안을 지지하는 모리스 윌리엄슨 의원의 연설은 큰 주목을 받았다. 진지한 분위기를 일순간 바꿔버린 그의 유쾌하고 진솔한 연설은 법안 통과에 적잖은 영향을 미쳤을 것이다.

의장님, 한 가톨릭 신부님께서 제가 자연법칙에 위배되는 법안을 지지한다고 하시더군요. 그런데 그 말을 평생 독신 서약을 하신 분께서 이야기하신다는 것이 정말 흥미로웠습니다. 독신, 그렇죠. 저는 해본 적이 없어 독신에 대해 잘 모릅니다만 우리는 독신도 포용할 겁니다.

저는 한 장의 편지를 받았는데 그 편지에는 제가 지옥 불에서 영원히 탈 것이라고 하더군요. 그런데 그 분께서 큰 실수를 하셨습니다. 저는 물리학을 전공했거든요. 물리학의 열역학 법칙을 적용해 제 몸무게와 습도를 고려해 계산했더니 지옥 불이 5,000℃라고 가정할 때, 저는 겨우 2.1초 동안 탈 겁니다. 영원히라뇨? 턱도 없는 소리입니다. …

마지막으로 의장님, 제가 받은 계시 중 하나는 지금 뉴질랜드가 겪고 있는 가뭄이 이 법안이 통과되지 않아서라는 겁니다. 여러분, 이게 모두 이 법안 때문이라는 거 아시죠? 만약 여기 계신 분들 중에 제 트위터를 팔로우하시는 분이 계신다면 오늘 아침 저의 선거구에 비가 쏟아지고 거대한 게이 무지개가 가로질러 걸려 있는 것을 보셨을 겁니다. 이것은 계시입니다. 의장님, 만약 신념을 갖고 계신다면 이것은 분명히 계시입니다.

중간 정도의 어투로 말하면서 시종일관 유머를 유지하고 있다. 짧은 연설이지만 청중의 폭소를 계속 이끌어내는 연사의 유머 감각이 돋보인다. 짤막한 이야기를 계속 끌어와 상대의 주장을 반박하는 형식을 취하면서 웃음을 이끌어내고 있다. 이럴 때 너무 격식적이고 웅장하고 숭고한 스타일로 이야기하거나 논증조의 엄밀한 스타일로 이야기한다면 연사의 의도가 제대로 전달되지 않을 것이다. 상대의 주장을 가볍게 받아넘기는 정도로 발언하고 있다. 전형적인 중간 스타일이라고 할 수 있다. 이런 상황에서 연사 자신은 전혀 희화화하지 않고 청중의 건강한 웃음을 끌어낼 수 있다.

엄밀한 스타일과 웅장한 스타일을 잘 조화시켜 중간 정도의 어투로 표현해야 하는 경우가 있다. 격조 있고 유쾌하면서도 우아한 느낌을 살리고자 할 때 말이다. 이럴 때는 표현 수위를 조절해가며 중간 정도를 유지하면서 표현할 수 있으면 된다. 이런 표현은 청중을 즐겁게 해준다. 적절히 감정을 섞으면 더 효과적이다.

●●

표현의 변형과 조작

왜 표현을 변형시킬까? 내용을 더 잘 전달하기 위해서다. 청중을 배려하는 의미도 있겠다. 청중의 집중력에도 한계가 있는 법이니까. 그래서 연사는 변화를 주면서 재미와 즐거움을 선사해야 한다. 그럼 어떤 방식으로 변형을 주어야 할까? 퀸틸리아누스는 변형의 방식에 첨가, 삭제, 치환, 대체, 4가지가 있다고 했다. "나는 행복해요."라는 문장을 변형시켜보자.

첨가 a+b → a+b+c (나는 행복해요 → 나는 너무 행복해요)

삭제 a+b → b (나는 행복해요 → 행복해요)

치환 a+b → b+a (나는 행복해요 → 행복해요 나는)

대체 a+b → a+c (나는 행복해요 → 나는 기뻐요)

개그맨들은 표현의 변형을 통해 웃음을 만들어낸다. 그들은 웃음이 어떤 코드에서 나오는지 잘 알고 있다. 사회가 진지할수록 건강한 웃음으로 생활의 활력을 갖는 것도 필요하겠다. 개그 콘서트의 '꺽기도'라는 코너에서 개그맨들이 첨가 방식으로 시청자의 웃음을 자아냈던 모습이 떠오른다. '안녕하십니 까불이', '반갑습니 다람쥐'. 앞 단어의 마지막 글자에 다른 글자를 붙이고 우스운 몸동작을 가미해 시청자의 웃음을 끌어낸다.

방송이나 인터넷에서 품절남, 완소남이라는 말을 접한다. 다른 여성과 결혼해 품절된 유명인, 완전 소중한 남자를 뜻하는 일종의 삭제라고 할 수 있다. 표현은 해야겠는데 기존 언어가 감당하지 못해 삭제해 해결했다고 볼 수 있다. 보통 '돌대가리'라고 하면 듣는 사람이 기분 나쁘니까 '리가대돌'이라고 표현한다. 치환이다. '지랄'도 대놓고 말하기 어려워 약간 비틀어 '쥐랄'이라고 한다. 대체라고 할 수 있다.

표현 변형에서 연사가 신경쓸 것은 청중의 귀와 눈이다. 귀에 음악을 들려주고 눈앞에 그림을 그려줘야 한다. 여기서 바로 표현 수사학의 핵심 개념이 나온다. 바로 무늬figure와 전의trope다.

무늬는 통상적인 방식을 깨고 만들어진 표현을 말한다. 비유는 개별 단어를 다른 단어로 대체해 만들어지지만 무늬는 단어들이 특정하게 결합되어 만들어진다. 그러나 단어가 특정한 방식으로 결합되더라도 의미가 바뀌는 것은 아니다. 뉘앙스가 조금 달라질 뿐이다. 듣는 사람에게 즐거움을 선사하고 더 집중하도록 만들기 위한 배려로 볼 수 있다. 멋진 표현, 상궤를 벗어난 참신한 표현을 들으면 더 잘 집중되지 않겠는가? 현대 언어학 관점에서 보면, 무늬는 통사론과 연관되고 비유는 어휘의미론과 연관된다.

귀를 즐겁게 하라

무늬에 해당하는 표현의 변형을 잘 활용하면 듣는 사람의 귀를 즐겁게 할 수 있다. 오래 회자되는 연설들을 보면 나름대로 특징이 있다. 표현 변형이 탁월하다는 것이다. 무늬가 생기는 이유는 앞에서 말했듯이 표현에 변화를 주기 위해서다. 일반적으로 생각과 의미에는 기본형이 있는데 이 기본형이 표현 단계에서 조작되고 변형된 것이 바로 무늬다. 무늬에는 두 가지가 있다. 하나는 단어 무늬이고 또 하나는 의미 무늬. 이 둘은 표현의 수사적 목적을 위해 단어 차원에서 표현을 변형하고 조작하는지, 의미 차원에서 표현을 변형하고 조작하는지에 그 차이가 있다. 단어 무늬는 표현과 관련되어 표현이 달라지면 무늬도 달라진다. 즉, 단어 무늬는 단어의 자구적 표현과 관련있다. 이에 반해 의미 무늬는 수사적 효과를 극대화하기 위해 생각을 전환, 조작하는 표현 방식이다.

　단어 무늬의 변형 방법은 앞에서 살펴본 첨가, 삭제, 치환이다. 대부분의 단어 무늬는 첨가에서 나온다. 대표적인 첨가 방식은 반복법으로 특히 명연설에 많이 등장한다. 그래서 정치인들이 즐겨 사용한다. 오바마 대통령의 연설에도 익숙한 표현이 계속 반복된다. "Yes, we can.네, 우리는 할 수 있습니다." 백인의 인종차별에 맞서 사자후를 토하던 킹 목사의 연설에도 등장한다. "I have a dream.나는 꿈이 있습니다." 첨가는 단어나 소리가 반복되어 만들어진다.

　　이순신 장군이 명량해전에서 승리했습니다. 이순신 장군이 왜
　　적을 무찔렀습니다. 이순신 장군이 조선을 구했습니다.

　반복되는 요소에 따라 앞말이 반복되거나 꼬리말이 반복된다. 전자는 두어 첩용이고 후자는 말어 반복이라고 한다. 첫소리와 마지막 소리가 동일하게 반복되는 것을 동시에 결합시켜 유명해진 표현도 있다.

　　왔노라, 보았노라, 이겼노라 veni, vidi, vici

　카이사르의 명언이다. 라틴어 원문을 보면 알겠지만 각 단어의

첫 자음이 모두 똑같고 마지막 모음도 똑같다. 말을 소리내고 귀로 들어보라! 어떤가? 귀가 즐겁지 않은가?

연사들은 여러 의도에서 반복법을 사용하는데 여기 독특하게 연결되는 반복법이 있어 소개한다. 바로 독일 제3제국시대 선전장관인 요제프 괴벨스의 유명한 연설 "Wollt Ihr den totalen Krieg? 여러분은 전면전을 원합니까?"다. 독일군 수뇌부는 1943년 2월 2일 스탈린그라드 전투에서 소련군에 대패한 후, 큰 충격에 빠진다. 괴벨스는 온 국민이 일치단결해 전면전을 치르자고 호소한다. 이 연설 종결부에는 질문이 동반된 동일한 형식의 표현이 무려 10번이나 나온다.

첫째, 영국인들은 독일 국민은 승리에 대한 믿음을 잃어버렸다고 주장합니다. 여러분에게 묻겠습니다. 여러분은 총통 각하와 우리가 함께 하는 독일군의 궁극적인 총체적 승리를 믿고 계십니까? 여러분에게 묻겠습니다. 여러분은 승리를 쟁취하기 위해 고락을 함께 하며 가장 힘든 개인적 부담까지 져가면서 총통 각하를 따를 각오가 되어 있습니까?

둘째, 영국인들은 독일 민족이 전쟁에 지쳤다고 주장합니다. 여러분에게 묻겠습니다. 여러분은 전투 중인 국방군의 후방에서 고향의 수호자로 우리 손에 승리가 잡힐 때까지 단호한 결단으로 흔들리지 않고 숙명으로 받아들여 총통 각하와 이 전쟁을 계속 수행할 준비가 되어 있습니까?

셋째, 영국인들은 독일 국민은 정부가 요구하는 과중한 전시 노동을 떠맡기 싫어한다고 주장합니다. 여러분에게 묻겠습니다. 장병 그리고 근로자 여러분, 총통 각하께서 비상시 하루 10시간, 12시간, 아니 필요하다면 14시간, 16시간 동안 일하고 승리를 위해 최후의 일각까지 모두 불사를 것을 명령하신다면 그것을 결심하겠습니까?

넷째, 영국인들은 독일 민족은 정부의 전면전 준비에 반대한다고 주장합니다. 독일 민족이 원하는 것은 전면전이 아니라 항복이라는 겁니다. 여러분에게 묻겠습니다. 여러분은 전면전을 원합니까? 만약 필요하다면 오늘 우리가 상상하는 것보다 더 전면적이고 극단적인 전쟁을 불사하겠습니까?"

다섯째, 영국인들은 총통 각하에 대한 독일 국민들의 신뢰가 없어졌다고 주장합니다. 여러분에게 묻겠습니다. 여러분은 총통 각하를 신뢰합니까? 여러분은 어떤 경우라도 그 분을 따르고 전쟁을 승리로 이끌기 위해 필요한 모든 것을 무조건 할 준비가 되어 있습니까?

여섯 번째, 여러분에게 묻겠습니다. 여러분은 지금부터 전심전력을 다하고 우리의 아버지와 형제들이 싸우고 있는 동부전선의 볼셰비즘을 섬멸하기 위해 그들이 필요로 하는 병력과 무기를 제공할 각오가 되어 있습니까? 여러분은 그럴 각오가 되어 있습니까?

일곱 번째, 여러분에게 묻겠습니다. 여러분은 후방에서 강력하고 흔들리지 않는 정신으로 무장해 승리에 필요한 모든 것을 주겠다고 전선에 신성한 맹세를 하겠습니까?

여덟 번째, 여러분에게 묻겠습니다. 특히 여성 여러분, 정부가 여성의 마지막 노동력까지도 전쟁에 투입하려고 할 때, 필요하면 언제 어디서든 전선의 남성들이 쉴 수 있도록 투입되어도 괜찮겠습니까? 여러분, 그것을 원합니까?

아홉 번째, 여러분에게 묻겠습니다. 여러분은 전시에 휴식을 즐기고 민족의 환난을 사리사욕에 이용하려는 비굴한 사기꾼 같은 소인배들에 대해 필요하다면 엄중한 조치를 취하기를 원합니까? 여러분은 참전해 전사할 각오가 되어 있습니까?

열 번째이자 마지막으로 여러분에게 묻겠습니다. 여러분은 국가사회주의 독일노동자당의 강령이 규정하고 있듯이 바로 전쟁에서도 동등한 권리와 의무가 지배하기를 원합니까? 그리고 고향이 전쟁에서 가장 과중한 부담까지 어깨에 짊어지고 지위고하, 귀천을 불문하고 부담을 균등하게 나누기를 원합니까? 여러분, 그것을 원합니까?

이 연설은 1943년 2월 18일 베를린 스포츠 궁에서 2시간 동안 이어졌다. 괴벨스는 서구와 볼셰비즘을 향해 장광설을 늘어놓고 특

당신은 어떤 말을 하고 있나요?

히 유대인을 악의 화신으로 몰아붙인 후, 전면전을 부르짖는다. 그는 행사장에 참석한 청중을 일일이 열거한다. 상이군인, 군수공장 노동자, 당원, 군인, 의사, 학자, 예술가, 기술자, 건축가, 교사, 공무원, 회사원, 여성, 청소년, 노인 등 다양한 직업군과 연령층의 청중을 불러낸다. 특히 상이군인을 불러낼 때는 비장감마저 감돈다.

지금 제 앞에는 동부전선에서 부상당한 병사들이 많이 계십니다. 다리가 절단되고 팔을 잃은 병사, 총탄에 구멍난 사지에 팔다리가 없는 병사, 전투 중 눈을 잃어 적십자 간호사와 함께 온 병사, 한창 나이에 목발을 짚고 살아갈 사람들이 지금 제 앞에 계십니다.

귀를 즐겁게 하는 또 하나의 표현 방식은 삭제다. 삭제는 문장에서 특정 단어를 생략해 만들어진다. 삭제의 대표적인 방식은 생략법이다. 생략법은 관용구에 많이 등장하는데 크게 두 가지 문장 성분이 생략된다. 접속사와 동사이다. 동사의 생략은 주로 관용 표현에 나타난다. 강렬함을 선사하는 대표적인 생략법이 바로 접속사 생략이다. 앞의 카이사르의 명언을 만약 "왔노라. 그리고 보았노라. 그래서 이겼노라."라고 표현한다면 어떤 느낌이 드는가? 문장이 축 늘어지지 않는가? 늘어진 문장에 아무도 매력을 느끼지 않을 것이다. 접속사의 생략으로 뭔가 대단한 것이 그 속에 있는 것 같다. 그리고 얼마나 간결한가?

표현의 다른 변형 원칙은 치환이다. 치환은 통상적인 어순을 깨 만드는 무늬다. 역순법이 대표적 방식이다.

그는 전장에서 죽었습니다. 여러분께 안부를 전하라고 하더군요.

통상적으로 안부를 전한 것이 먼저이고 전장에서 전사한 것이 그 다음에 와야 한다. 그런데 그것을 역으로 비튼다. 시간상 앞뒤 를 바꿔 상궤에서 벗어나 표현의 신선함을 주고 있다. 그러면서 내용상 비장함이 더 느껴지지 않는가? 표현 순서를 바꿔 청중의 귀에 새로운 것이 들어온 것 같은 느낌이다.

이제 의미 무늬를 살펴보자. 의미 무늬는 통상적으로 요구 사항 과 다른 문장을 사용해 표현에 신선함을 주고 청중의 감정을 고조 시킨다. 먼저 설의법을 보자. 설의법은 수사의문문이라고도 부른 다. 질문은 하지만 실제 답변은 기대하지 않는 질문이다. 연사가 자신의 주장에 더 강력한 인상을 부여하려는 의도로 사용한다.

여러분, 우리나라 정말 살기 좋은 나라 아닙니까? 이렇게 아름 답고 좋은 나라에 태어난 것은 행운 아닙니까?

의미 무늬의 또 다른 기능은 표현에 있는 의미를 첨예하게 만드는 것이다. 이런 효과의 대표적인 무늬가 바로 대조법이다. 대조법은 대립 성격을 띤 내용을 통사구조상 평행 위치시켜 의미를 더 강렬히 부각시킨다.

통합이 필요한 시기에 분열을 조장하면 되겠습니까? 남의 생각을 바꾸는 데 힘쓰지 말고 내 생각을 바꾸는 데 더 노력합시다. 권리만 내세우지 말고 의무도 지켜야 합니다. 어쩌면 진정한 소통은 말을 잘하는 것이 아니라 잘 듣는 데서 출발합니다.

의미 무늬 중에 고도의 전략이 가미된 독특한 표현 수단이 있다. 바로 돈절법이다. 돈절법은 묵언법 또는 중단법이라고 부른다. 말하는 사람이 뭔가 말하다가 갑자기 중단하고 다른 사람의 재량에 맡겨 자신의 말이 더 의미 있는 효과를 내도록 한다.

당신이 지금 그런 말을 하다니 이상하네요. 당신은 전에 …

지금까지 개별적인 무늬에 대해 알아보았지만 이 무늬들은 문장에 함께 등장할 수 있다. 자신의 표현의 다양성을 강조하기 위해 고심하는 연사들이 다양한 무늬를 동시에 사용하기도 한다.

독일 민족은 혹독한 고초를 겪었습니다. 마치 우리 민족이 나태해 이런 상황에 빠졌다고 말하는 사람들이 있는데 천만의 말씀입니다. 수백만 우리 민족은 옛날처럼 일하고 있습니다. 수백만 농부들은 옛날처럼 쟁기를 앞세워 걷고 있습니다. 수백만 노동자들은 시끄러운 모루 앞에 서 있습니다. 수백만 우리 민족은 일하고 있습니다. 하지만 나머지 수백만 국민은 일하고 싶어도 일할 수 없는 처지입니다. 수만 명이 스스로 삶을 마감했습니다. 그들은 삶이란 그저 고통과 궁핍으로만 점철된 것으로 생각했습니다. 그들은 삶을 내세와 바꾸었습니다. 더 나은 내세의 삶을 꿈꾼 것이죠. 엄청난 고통과 불행이 우리를 엄습해왔습니다. 그리고 우리는 자신감을 잃었습니다. 그저 절망감만 들 뿐입니다. 이제 우리는 묻습니다. 도대체 어째서 우리가 이 지경에 빠졌단 말입니까?

히틀러의 5월 연설의 한 대목이다. 연설문을 자세히 들여다보니 다양한 표현법이 눈에 들어온다. 동의어와 동일 구문이 반복되는 점층법이 보이고 과장법, 완곡어법, 대구법도 보인다. '고통과 궁핍', '고통과 불행'은 동의어의 중복으로 일종의 반복법이다. '수백만', '수만'의 숫자 표현과 '혹독한', '엄청난'과 같은 과장법도 있다. '수백만'으로 시작하는 5개의 두어 첩용 문장은 표현 고조와 상승 효과를 노리고 있다. '수백만 우리 민족은 일하고 있습니

당신은 어떤 말을 하고 있나요?

다.' '하지만 나머지 수백만 국민은 일하고 싶어도 일할 수 없는 처지입니다'는 대구법이다. 완곡어법도 두 번 나온다. 자살을 뜻하는 '스스로 삶을 마감하다'와 '삶을 내세와 바꾸다'가 그것이다. 적은 분량에도 매우 다양한 표현 수단이 들어 있다. 꽤 인상적이지 않은가? 인상적인 표현으로 대중의 마음을 사로잡으려는 연사의 고민을 엿볼 수 있다.

지금까지 표현의 무늬에 대해 살펴보았다. 무늬는 듣는 사람이 말하는 사람의 말에 더 집중하도록 만드는 효과를 노리는 방식이다. 그래서 말하는 사람은 표현 변형에 각별히 신경써야 한다. 키케로는 표현을 변형시켜 무늬를 만들 때 연사가 주의할 사항을 알려주고 있다.

단어를 연결하고 구성할 때는 문장 리듬을 살피고 어순에 주의해야 한다. 귀가 바로 리듬을 측정한다. 미리 정한 범위와 기준을 불필요한 단어로 넘치거나 반복되지 않도록 말이다.

눈 앞에 그림을 그려라

비유적 표현을 잘 활용하면 듣는 사람의 눈 앞에 그림을 펼쳐보일 수 있다. 비유에는 제유, 환유, 은유 등이 있다. 제유는 원래 단어와 비유 단어의 의미가 부분적으로만 일치한다. 부분 대신 전체,

단수 대신 복수, 유 개념 대신 종 개념을 사용하거나 그 반대도 가능하다. 예를 들어, '생계를 위해 먹는 모든 것' 대신 '빵'이라고 하거나 '인간' 대신 '필멸의 존재'라고 할 수 있다.

환유는 원래 단어의 의미와 비유적으로 사용된 단어의 의미 사이에 부분적인 일치를 확인할 수 없다. 인접한 단어일 뿐이다. 그래서 환유는 원인으로 결과를 의미하거나 "나는 괴테를 읽는다."처럼 작가로 그의 작품을 대신한다.

대표적인 비유가 바로 은유다. 은유란 무엇인가? 알다시피 은유는 일탈이다. 일탈시켜 표현에 신선함을 선사한다. 은유는 원래 단어와 비유 단어의 본래의 의미가 일치하지 않고 비슷할 뿐이다. 예를 들어, '청춘과 봄날', '남자와 늑대'는 완전히 다른 단어지만 이 둘을 묶어주는 매개, 즉 공통적인 특징이 있어 듣는 사람은 이해할 수 있다. 은유의 특성을 더 구체적으로 살펴보자.

은유는 낯선 이름에 의한 전이로서 이 전이는 유 개념에서 종 개념으로 또는 종 개념에서 유 개념으로 또는 하나의 종 개념에서 다른 종 개념이 되거나 유추에 의해 이루어진다.

아리스토텔레스의 『시학』에 나오는 은유의 고전적 정의다. 인용문을 보니 은유는 4개 유형으로 이루어져 있다. 하나씩 살펴보자. 우선 유 개념에서 종 개념으로 전이된 경우를 보자.

오뒷세우스는 만 가지 선행을 했다.

어떤가? 좀 이상하지 않은가? 어디가 이상한가? '만 가지'라는
표현이 좀 낯설다. 일상적인 표현으로 '많은'이라고 해야 할 것 같
다. '많은'이라는 유 개념이 와야 할 자리에 종 개념인 특수 수량
'만 가지'가 와 낯선 표현으로 은유적 효과를 내고 있다.

둘째, 종 개념에서 유 개념으로 전이된 경우를 보자.

배가 항구에 서 있다.

이 표현도 좀 이상하다. 항구라는 단어를 보니 배가 '정박해 있
다'라든가 '닻을 내리고 있다'라고 표현하는 것이 자연스러울 것
같다. 즉, '서 있다'가 유 개념이고 '정박해 있다'나 '닻을 내리고 있
다'가 종 개념이 된다. 종 개념이 올 자리에 유 개념이 와 낯선 이
름에 의한 전이가 되었다.

셋째, 하나의 종 개념에서 다른 종 개념으로 전이된 경우를 보자.

불멸의 청동검으로 영혼을 떠내는

'청동검으로 죽여 영혼을 떠내는'이라는 표상은 '청동검으로 육신을 절단하는'이라는 표상을 연상시킨다. '절단하다'라는 개념이 '떠내는'이라는 개념과 종 개념은 다르지만 표상의 차원은 '탈취'라는 개념 차원에서 상응하고 있다. 즉, 하나의 종 개념에서 다른 종 개념으로 전이되면서 검으로 사람을 죽이는 경우, 직설적 표현인 '육신을 절단하는'이 '영혼을 떠내는'이라는 낯선 표현으로 전이되면서 은유적 효과를 내고 있다.

넷째, 유추에 의한 전이를 보자.

인생(A)의 노령(B)

하루(C)의 저녁(D)

두 개의 개념이 한 쌍으로 있을 때, A : B와 C : D가 된다. 여기서 B 대신 D를 사용하거나 D 대신 B를 사용하면 유추에 의한 전이가 일어난다. 위의 보기에서 '하루의 노령'은 '저녁'을 뜻하는 유추적 전이에 의한 은유가 되고 '인생의 저녁'은 '노령'을 뜻하는 유추적 전이에 의한 은유가 된다. 여기서 인지되는 은유 효과는 앞의 보기들과 마찬가지로 낯선 이름에 의한 전이에서 비롯되었다.

아리스토텔레스의 은유 이론은 이름의 특수한 사용, 즉 일반적으로 낯익은 사용이 아니라 구별적인 낯선 사용으로 이해된다. 한마디로 은유는 전이라고 할 수 있다. 따라서 이 전이가 인지되지 않으면 은유도 인지되지 않는다. 따라서 은유는 시적 표현의 수단이 된다. 은유를 통해 새롭고 신선한 인식이 가능해지고 이 인식으로 미학적 향유도 가능해진다. 앞에서 언급했던 마틴 루터 킹 목사의 "나는 꿈이 있습니다." 연설의 한 대목을 보자.

우리는 보증수표를 현금으로 바꾸기 위해 이 나라의 수도에 모였습니다. 우리나라의 건국자들이 헌법과 독립선언서 조항을 기초했던 그 당시 그들은 모든 미국인이 상속받도록 되어 있는 약속어음에 서명했습니다. 모든 인간에게 생명과 자유와 행복 추구를 위한 빼앗길 수 없는 권리가 보장되어야 한다는 약속이 그 약속어음에 명시되어 있었습니다. 유색 인종 출신의 시민에 관한 한 오늘날 미국은 그 약속어음에 명시된 의무 사항을 제대로 이행하지 않고 있다는 사실이 너무나 분명합니다. 미국은 이 신성한 의무를 존중하지 않은 채 흑인에게 부도수표를 발행했습니다. 즉 이 부도수표는 잔고 부족이 확인된 채 되돌아왔습니다. 하지만 우리는 정의라는 은행이 파산했다고 믿지 않습니다. 우리는 이 나라가 보유하고 있는 기회라는 금고 안에 잔액이 부족한 상태라고 믿지 않습니다. 따라서 우리는 이제 이 보증수표, 즉 우리가 요구하자마자 곧바로 자유를 마음껏 누리며 정의를 보장받을 수 있는 수표를 현금으로 바꾸기 위해 이곳에 왔습니다.

은유가 많이 등장한다. 신선하지 않은가? 연사는 권리나 보장 같은 추상적인 단어 대신 '약속어음, 부도수표, 예금잔고 부족' 등의 알기 쉽고 매력적인 표현으로 청중에게 다가간다. 국가의 의무라는 원래의 의미를 어음, 수표, 예금에 비유하고 있다. 즉 이 단어들을 활용해 원래 누려야 할 자유를 빼앗겨온 흑인들의 암울한 현실을 비유적으로 의미하고 있다. 청중의 눈 앞에 구체적인 그림을 그리고 있다. 잘 알다시피 대다수 청중은 제대로 교육받지 못한 흑인이다. 그들을 배려하고 그들의 마음을 움직이기 위해 일상에서 쉽게 접하는 단어를 골라 공감을 유도하고 있는 것이다. 연사의 이런 전략을 실현하기 위해 은유가 매우 적절히 사용되었다고 할 수 있다.

광고에도 은유가 많이 나온다. 그 유명한 광고 "침대는 가구가 아닙니다. 침대는 과학입니다." 때문에 학생들이 시험에서 많이 틀렸다는 유머까지 있다. 다음 중 가구가 아닌 것은? 많은 학생이 침대를 골랐단다.

은유를 많이 쓰는가? 특히 사랑하는 사람에게 써보라. 그러고보니 나도 은유를 꽤 즐겨 사용하는 편이다. 예를 들어, 이런 식이다. 일요일 아침 눈뜨자마자 아내에게 이런 말을 한 기억이 난다. '자기는 요술쟁이', 갑자기 웬 뚱딴지 같은 소리냐는 표정인 아내에게 계속 은유를 날린다. "자긴 어젯밤엔 분명히 샤론 스톤이었는데 오늘 아침 보니 오드리 헵번이네." 조금 오글거리나? 그래도 이 은유 덕분에 웃으며 아침을 맞았던 기억이 생생하다. 은유의 매력에 안 빠질 수 있겠는가?

생각을 발견하고 발견한 생각을 잘 정리한 다음, 생각에 언어의
옷을 입히는 단계까지 살펴보았다. 이제 지금까지 준비한 것을
"어떻게 머리 속에 붙들어 매는가?"가 관건이다. 고대 사람들은 기
억을 아무나 잘 할 수 있다고 생각하지 않았다. 뮤즈 여신의 은총
을 받은 사람만 비상한 기억력이 작동한다고 믿었다. 그래서 호메
로스는 이야기를 시작하기 전에 뮤즈 여신에게 기억을 상기시켜
달라고 간청한다. 기억의 여신은 므네모시네이며 제우스의 고모
다. 제우스는 므네모시네와 사랑을 나누어 뮤즈의 여신 아홉을 낳
는다. 시간을 의미하는 크로노스를 제압한 제우스가 기억의 여신
므네모시네와 결합한 사건은 '시간을 초월하는 영원한 기억'을 상
징한다.

플라톤 철학도 이데아 세계의 완전한 앎의 상태를 기억을 통해 상기해내는 것이라고 할 수 있다. 아리스토텔레스는 앎을 좀 더 과학적으로 체계화시켜 나가는데 그 과정에서도 기억은 매우 중요한 위치를 차지한다. 그렇다면 소통의 원리에서 기억은 어떤 의미를 지닐까? 기억은 앞에서 살펴본 소통의 3가지 원리는 물론 뒤에서 다룰 5번째 원리를 총괄하는 저장고 역할을 한다. 어쩌면 수사적 소통의 중추신경이라고 하겠다. 기억에 조회해 생각도 발견하고 표현도 할 수 있다. 그래서 고대부터 이 기억력을 강화시키는 방법에 관심을 쏟아왔다. 오늘날에도 교육과 학습 활동에서 기억은 큰 역할을 하고 있다.

● ● ●

장소에 이미지를 연결해 순서를 매겨라

고대 그리스에 시모니데스라는 사람이 있었다. 어느 날 그는 데살로니카의 스코파스의 청으로 축하연에서 그를 찬양한다. 그런데 로마의 쌍둥이 신까지 찬양하는 바람에 약속받은 돈의 절반만 받는다. 기분이 상한 시모니데스는 마침 자신을 찾아온 사람이 있다는 말을 시종으로부터 듣고 밖으로 나간다. 그 사이 돌풍이 불어 연회장이 무너지고 참석자들은 건물에 깔려 죽고 만다. 시모니데스는 참석자들이 앉아 있던 자리들을 하나하나 떠올리며 죽은 자들을 모두 기억해낸다. 그래서 장례를 무사히 치를 수 있었고 그

덕분에 시모니데스는 기억의 아버지가 된다. 이 사건은 기억에서 장소와 이미지가 중요하다는 것을 상기시켜 준다. 즉 시각이 기억에서 큰 역할을 한다는 것이다. 어릴 때 다니던 학교 운동장을 보면 함께 뛰놀던 옛날 친구들이 떠오르지 않는가?

시각만 기억을 불러내나? 청각은 어떻고 후각은 어떤가? 누구나 음악과 관련된 사연이 하나쯤 있을 것이다. 좋아하는 음악을 들으면서 인상 깊게 읽었던 책이 있다면 그 음악만 들어도 그때 읽었던 책의 구절이 떠오른다. 추운 겨울날 따뜻한 보리차에 찐빵을 먹으며 친구들과 오손도손 이야기를 나누었던 사람은 보리차의 구수한 냄새와 찐빵이 풍기는 이스트 냄새를 맡으면 그 시절 친구들은 물론 나누었던 이야기도 떠오를 것이다.

많은 사람 앞에 서서 말로 그들을 움직이려면 기억력이 비상해야 한다. 청중을 보지 않은 채 원고만 줄줄 읽어내려가는 연사를 보면 어떤 생각이 드는가? 사람들은 "기억술을 어떻게 높일까?" 오래 전부터 많은 관심을 가져왔다. 고대 수사학 교재를 보면 기억 대상을 이미지화해 기억 공간에 질서정연하게 배치하는 것이 기억술의 핵심이다. 잘 기억해내려면 장소와 이미지가 갖추어야 할 조건들을 알고 있어야 한다.

기억의 장소는 익숙한 곳을 활용하면 효과적이다. 장소의 수는 많은 기억 이미지를 담을 정도로 충분해야 하고 그 장소들은 서로 구분될 수 있어야 한다. 장소의 크기도 신경써야 한다. 너무 크면 기억 이미지가 희미해질 것이고 너무 작으면 큰 기억 이미지를 모두 담아내지 못할 것이다.

기억 이미지는 무엇보다 이미지를 통해 기억 대상을 떠올릴 수 있어야 한다. 따라서 기억 이미지는 기억 대상과 잘 조응할 수 있어야 한다. 즉 기억 이미지는 기억 대상과 같으면 같을수록 좋겠다. 아니면 최소한 비슷해야 한다. 더 오래 기억되도록 기억 대상 이미지를 기괴하게 만들어야 한다.

우리는 삶 속에서 사소하고 익숙하고 일상적인 것들은 잘 기억하지 못하는데 그것은 정신이 기이하지 않고 놀랍지 않은 것에는 잘 움직이지 않기 때문이다. 반대로 매우 비열하고 치욕스럽고 놀랍고 믿기지 않고 우스꽝스런 것들은 기억에 오래 남는다.

기억술이 비상한 사람에게는 이유가 있다. 노력이다. 사람마다 기억술을 강화하는 방법이 나름대로 있을 것이다. 기억할 대상마다 어울리는 기억법 말이다. 내가 즐겨 쓰는 방법 중 하나는 연상법이었다. 이런 식이다. 학창 시절 소개팅 자리에서 상대에게 호감이 생기면 서로 연락처를 묻는다. 요즘말로 번호를 따는 것이다. 지금은 핸드폰에 입력하면 그만이지만 그때 그런 게 어디 있었나? 그야말로 아날로그 시대였다. 수첩에 적곤 했다. 나는 수첩을 꺼내지 않고 바로 머리 속에 집어넣었다. 어떻게 넣었냐고? 예를 들어, 여학생의 전화번호가 829-1789라고 하자. 그럼 나는 엄마와 혁명이라는 단어를 머리 속에 입력한다. 829는 음력으로 우리 엄마의 생신날이고 1789는 프랑스 대혁명이 일어난 해 아니던가? 상대 여학생이 의아했을 것이다. "이 남자, 나한테 관심 없는 거 아냐?" 천만에. 걱정일랑 붙들어 매시라. "그대의 번호는 이미 내 장기 기억에 딱 달라붙어 있으니까!"

키케로의 기억술

고대 로마 최고의 웅변가인 키케로는 앞에서 살펴본 기억 원칙들을 숙지해 할 말을 기억해냈다. 그는 해야 할 일과 자신의 집 구조를 독특한 방식으로 연결시킨다. 우선 키케로의 집 구조를 보자.

집으로 들어가는 통로에 두 개의 기둥이 서 있다. 현관문을 열면 복도가 있고 중간에 로마인 동상이 있다. 거실에는 세 개의 소파가 있고 거실 왼쪽에는 부엌이 있다. 부엌에서 올라가는 계단이 있고 침실 가운데 짚으로 만든 침대가 놓여 있다.

키케로가 할 일은 무엇일까?

새로 임명한 두 명의 장관과 약속이 잡혀 있고 병사들에게 신형 군복을 지급해야 한다. 그리고 행군에 대비해 창을 갈고 방패를 준비하고 샌들을 광내야 한다고 말할 것이다. 나아가 겨울철 말을 훈련시킬 장소를 언급하고 다음 달의 '체육의 날' 행사도 준비해야 하고 우수 병사를 선발해 카프리로 휴가도 보내야 한다.

집 구조와 할 일의 요소를 추려보니 각각 여섯 개다. 이제 이것을 키케로가 어떻게 연결시켰나 보자.

첫째, 새로 임명된 두 명의 장관이 기둥을 껴안고 기둥에 입 맞추는 상상을 한다. 둘째, 벌거벗은 동상에 병사 제복을 입힌다. 셋째, 세 개의 소파에 이미지를 갖다 붙인다. 즉 첫 번째 소파의 천에는 날카로운 창을 꽂아두고 두 번째 소파에는 방패를 놓고 세 번째 소파의 얼룩을 보며 샌들을 닦는 상상을 한다. 넷째, 말이 부엌에 떨어져 있는 짚을 먹는 상상을 한다. 다섯째, 군인들이 소리지르며 계단을 뛰어다닌다. 여섯째, 세 명의 우수 병사가 침대 위에 누워 쉬고 있다.

어떤가? 이쯤 되면 해야 할 일이 쉽게 떠오르지 않는가? 그런데 기억을 단순히 원고 암기 정도로 이해하는 사람들이 있는데 기억은 그런 것이 아니다. 많은 사람 앞에서 준비한 원고를 그대로 실행했던 기억을 떠올려보자. 어땠는가? 청중의 반응이 좋아 잘 끝나면 다행이지만 청중의 반응이 안 좋으면 어떻게 해야 하는가? 준비한 원고를 과감히 버릴 수도 있어야 한다. 그렇다고 메시지까지 버리라는 것은 아니다. 이때 꼭 필요한 것이 바로 내용 장악이다.

• •

내용을 장악하라

기억은 단순한 암기가 아니다. 기억에서 중요한 것은 무엇일까?

바로 내용을 장악하는 것이다. 내용을 장악해야 표현도 살고 호흡도 살고 몸이 열린다. 예를 들어, '아버지가방에들어가신다.'라는 말을 단순히 외웠다고 치자. 내용을 모르면 "아버지 가방에 들어가신다."가 된다. 내용을 장악하지 못하면 연사는 버벅거리게 되고 청중은 지루해 죽을 맛이 된다.

기억이 중요한 이유는 원고를 장악해야 연설이 실감나기 때문이다. 노련한 연사는 청중의 미세한 반응 하나까지도 신경 쓴다. 비록 청중이 아무 말 하지 않고 묵묵히 연사의 말을 듣고 있다고 하더라도 그의 몸이 반응하고 있다는 사실을 연사는 숙지하고 있어야 한다. 청중의 반응에 따라 연사는 말할 내용의 수위를 조절할 줄 알아야 한다. 그러려면 원고를 기계적으로 단순히 암기해서는 안 된다. 그러면 청중의 다양한 반응을 도저히 감당해낼 수 없다. 그래서 내용을 장악해야 한다. 원고 없이 술술 나오는 말이 청중의 마음을 얻는다고 원고를 준비하지 말라는 것이 아니다. 원고를 작성하고 발표 시나리오를 짜 그것을 들고 연단에 서면 된다. 지금부터는 전달이 관건이다.

05 | 수사적 소통의 제 5원리 전달의 원리

이제 수사적 소통의 마지막 원리에 대해 알아볼 시간이다. 바로 전달의 원리다. 키케로는 아무리 뛰어난 연설가도 이 능력이 시원 찮으면 주목받을 수 없고 그저 그런 연설가도 이 능력이 훌륭하면 뛰어난 연설가를 능가할 수 있다고 했다. 데모스테네스도 연설에서 가장 중요한 부분이 전달이라고 했다. 미국의 심리학자 앨버트 매러비언도 메시지를 전할 때, 내용은 겨우 7%밖에 영향을 미치지 않고 나머지 93%는 내용 전달 방법이라고 했다. 목소리와 표정, 몸짓 같은 비언어 메시지 말이다. 연사의 말이 마음에서 우러나 보여야 하므로 전달이 중요하다. 전달은 연사가 사안과 단어의 움직임에 맞추어 몸을 움직이는 것이다. 전달은 단어가 아니라 목소리의 다양함과 몸짓과 표정으로 연설을 선명하고 명백하고 달콤하게 만들어준다. 따라서 연사는 목소리, 표정과 시선, 몸짓에 각별히 주의를 기울여야 한다.

키케로는『브루투스』편에서 로마의 공화정 말기까지 역사 속에 등장하는 그리스와 로마의 많은 문필가와 연설가를 비교하며 그들의 글과 말이 왜 좋고 왜 부족한지에 대한 이야기를 우리에게 들려준다. 그는 그리스의 데모스테네스와 견줄 만한 연설가가 로마에도 나왔다고 언급하면서 안토니우스를 끌어들인다. 안토니우스는 목소리와 몸짓을 이용해 전달하는 능력이 매우 뛰어났다고 한다. 비언어적인 동작이 단어를 단순히 표현하는 데 그치는 것이 아니라 생각과 딱 들어맞는 행동을 보였다. 손, 팔, 몸, 발 구르기, 서있는 자세, 보행 그리고 몸의 모든 움직임은 드러내야 할 생각과 말과 조화를 이루고 있었다. 목소리는 한결같았지만 선천적으로 약간 쉰 편이었는데 다른 사람이라면 결점일 목소리지만 그는 그것을 장점으로 바꾸어놓았다. 즉 그 목소리는 호소할 때는 눈물을 자아낼 힘이 있었고 믿음을 불러일으켰을 뿐만 아니라 사람의 마음을 흔들어 놓는 데 적합했고 그것이 진실로 보일 정도였다고 한다.

• •

목소리

노래할 때는 몸이 악기다. 말할 때도 마찬가지다. 타고난 목소리와 몸의 유연성은 사람에 따라 다르지만 훈련을 통해 개선할 수 있다. 목소리를 훈련하라니까 가수나 연극 배우, 방송인을 떠올리는데 대중 앞에 서서 말하는 사람에게도 매우 중요하다. 타고난 목소리야 어쩔 수 없지만 어떻게 가꾸는가에 따라 좋은 목소리를 유지할 수 있다. 연사가 청중의 마음을 얻으려면 무엇보다 좋은 목소리를 가지고 있어야 한다. 연사가 전하고자 하는 말의 내용은 맨 먼저 목소리를 통해 전해진다. 거기 덧붙여 표정과 몸짓을 통해 시각적으로 강조된다.

> 모든 마음의 움직임은 자연적으로 표정, 음의 억양, 동작에서 그 특징적인 표현을 찾는다. 한 사람의 몸, 표정, 목소리의 전체 사용은 악기 현처럼 울린다. 목소리는 매순간 마음을 튕겨준다. 마치 현처럼 팽팽한 상태로 있다가 건드리면 높고 깊게, 빠르고 천천히, 크고 작게 반응한다. 목소리와 행위자의 관계는 색과 화가의 관계와 같다.

목소리의 수는 마음의 움직임만큼 있고 마음은 목소리의 영향을 받지 않을 수 없다. 따라서 훌륭한 연사라면 자신이 전하고자 하는 기본 정서에 맞춰 목소리를 자유자재로 변주할 수 있어야 한다.

목소리는 어떻게 훈련할 수 있는가?

목소리가 너무 작고 발음도 분명하지 않고 호흡이 짧아 발성도 제대로 안 되고 말투가 이상해 야유받던 데모스테네스가 어떻게 그리스 최고의 웅변가가 될 수 있었을까? 그는 어린 시절, 한 연설가의 연설에 큰 감명을 받아 또래 아이들과 노는 것을 마다하고 웅변 연습에 몰두했다. 플루타르코스에 의하면 데모스테네스는 정확한 발음을 위해 입 안에 자갈을 물고 말하기 연습을 했다고 한다. 제대로 목소리내기 위해 언덕을 뛰거나 기어오르면서 말을 했고 호흡을 늘리기 위해 숨을 멈추고 연설문이나 시를 외우곤 했다. 목소리를 강화하기 위해 지하에 연습실을 만들어 외출 유혹을 뿌리치고 얼굴 한쪽만 면도한 채 혹독한 연습을 했다고 한다. 또 자세를 교정하고 어깨가 들썩이지 않도록 천장에 창을 매달아 놓고 좁은 연단을 오갔다고 한다. 최고의 웅변가는 저절로 되는 것이 아니다.

① 자연스런 호흡을 찾아라 호흡은 생명과 밀접한 관련이 있다. 말하기도 호흡이 생명이다. 호흡에 따라 듣기에 편한지 여부가 결정된다. 호흡에는 흉식 호흡, 복식 호흡이 있다. 흉식 호흡은 말 그대로 가슴으로 숨쉬는 것이고 복식 호흡은 배로 숨쉬는 것이다. 좋은 말하기는 복식 호흡에서 나온다. 특히 많은 사람 앞에서 말해야 하는 연사는 항상 긴장하게 되는데 심하면 울렁거리고 더 심해지면 호흡까지 불규칙해진다. 이때 몸을 이완시키고 호흡을 편히 하는 것이 무엇보다 중요하다. 숨을 코로 들이마시고 가슴이 아니라 뱃속에 숨을 가득 채워 조금씩 토해내면서 말하는 방식인데 처

음에는 조금씩 천천히 들이마시는 연습을 하고 숙달되면 빨리 들이마시면서 한번에 많은 숨을 뱃속에 담을 수 있다. 성악가들이 매우 잘 한다. 방송인들도 시청자에게 편안한 목소리를 들려주기 위해 복식 호흡을 한다.

자신만의 호흡을 찾고 그 호흡에 소리를 잘 입히면 소리에 공명을 얻을 수 있다. 오래 전 성악가인 아내와 함께 독일 뷔르츠부르크대 마스터 클래스를 참관한 적이 있다. 음대 학장인 모니카 뷔르그너는 한때 리릭 소프라노로 명성을 날렸지만 지금은 보컬 트레이닝에 전념하고 있다. 뷔르그너 교수의 교수법은 매우 탁월했다. 사흘째 되던 날, 평소와 달리 매우 자연스럽고 잘 울리는 소리가 아내의 목을 타고 나와 홀 안을 가득 채운다는 느낌이 들었다. "바로 그거에요. 그게 당신의 목소리입니다. 드디어 제 목소리를 찾았습니다. 축하해요!"라며 뷔르그너 교수는 아내를 껴안았다. 선생님과 학생이 감격해 서로 얼싸안고 우는 장면은 지금도 눈에 선하다. 훌륭한 목소리는 호흡에서 나온다는 사실을 몸소 체험한 소중한 시간이었다.

② 자신의 성량을 알라 앞에서도 자주 강조했듯이 수사적 소통의 목표는 청중으로부터 신뢰를 얻어내고 그들의 마음을 움직이는 것이다. 그러려면 목소리를 변주할 수 있어야 한다. 표현만 변형하는 것이 아니라 소리도 변주할 수 있어야 한다. 그래야 청중을 집중시키고 그들에게 즐거움을 선사할 수 있다. 음향 시설이 있다면

문제 없지만 그렇지 않다면 자신의 목소리가 공간의 어느 지점까지 도달할 수 있는지 점검하는 것이 매우 중요하다. 그래서 꼼꼼한 연사는 사전에 연설 장소를 확인하고 소리를 체크한다.

좋은 목소리를 유지하기 위해 발성 훈련은 기본이다. 자신의 성량을 변주하기 위해 다양한 훈련을 해야 한다. 가장 작은 소리부터 시작해 가장 크게 낼 수 있는 소리가 어느 정도인지 알고 있어야 한다. 그래서 소리의 크기를 자유자재로 변형시킬 수 있어야 한다. 단일한 톤으로 말하면 당연히 청중의 집중이 흐트러진다. 게다가 내용까지 재미없으면 청중은 졸릴 수밖에 없다. 그래서 자신의 성량을 아는 것이 중요한 것이다.

독일에서 공부할 때, 음대 교수로부터 한 학기 발성 수업을 들은 적이 있다. 제대로 소리내는 법에 초점을 맞춘 실습 위주의 수업이었다. 성악을 전공한 은퇴 노교수인데 그의 음성에서 타고 나오는 소리는 공명되어 그런지 쩌렁쩌렁했다. 제대로 된 소리를 내기 위해 앞에서 언급한 호흡이 중요하다는 이야기도 하고 수업의 특징인 몸을 이완시키고 소리와 관련된 근육을 푸는 체조도 했다. 얼굴을 찡그렸다 펴고 우스꽝스런 표정도 짓고 다양한 표정으로 얼굴 근육을 풀었다. 그런가하면 옆의 학생을 쳐다보고 입가에 미소를 지으면서 한참 눈도 맞추기도 하고 아예 전 학생 한 명 한 명의 눈을 바라보면서 한 바퀴 돌기도 했다. 독일 학생들도 있었지만 프랑스에서 온 방송학 전공 학생들과 이태리에서 온 성악 전공 학생들이 대부분이었고 모두 여학생이었다. 지금 생각해보니 동양에서 온 이상하게 생긴 남학생 얼굴을 바라보는 서양 여학생들이 꽤 불편했을 것 같다. 조금 어색하기도 하고 재미있기도 한지 학생들은 쳐다보다가 금세 웃음을 터뜨렸다. 그리고 드디어 소리 내기 시작한다. 처음과 전혀 딴판이다. 공명된 소리가 교실을 가득 메웠고 이완된 상태에서 나오는 소리는 듣기 참 좋았다.

③ 발음에 신경써라 외국어를 말할 때만 발음이 중요한 것이 아니다. 우리말도 발음이 매우 중요하다. 발음이 안 좋은 연사에게는 별로 끌리지 않는 것이 당연하다. 엄숙한 자리에서 발음을 잘못하면 코미디가 된다. 역대 대통령 중 한 분의 잘못된 발음이 희화화된 적이 있다. 특정 지역을 관광특구로 만들겠다는 대목에서 그만 '강간특구'로 발음해 웃음거리가 되었다.

　평소 자신의 발음이 안 좋다고 생각하는 사람은 더 많은 노력을 기울여야 한다. 우리말처럼 자음과 모음이 분명히 구별되는 언어일수록 발음에 더 신경써야 한다. 훌륭한 발음의 기본은 '천천히', '또박또박'이다. 발음이 어려울수록 천천히 말해야 한다. 언어에도 경제 원칙이 있다. 별로 노력을 들이지 않고 원하는 표현을 전달할 수 있으면 당연히 좋다. 그런데 상대가 이해못하면 아무 소용이 없다. 그래서 입 모양이 중요하다. '아'를 발음할 때는 당연히 입을 보름달처럼 둥글게 벌려 소리내야 한다. '우'를 발음할 때는 입술을 앞으로 쭈욱 내밀어야 한다. '이'는 또 어떤가? 치아가 모두 보이도록 입술을 양옆으로 긴장시켜 정확히 발음해야 한다. 그런데 이것이 귀찮고 '모두 알아듣겠지'라는 생각에 어물어물 소리 내면 듣는 사람이 제대로 이해하지 못해 결국 메시지를 전달하지 못하고 만다. 어디 그뿐인가? 연사의 품격까지 떨어진다.

'간장공장 공장장은 강 공장장이냐 장 공장장이냐' 아마도 한번쯤 들어보았을 것이다. 발음하기 어려운 글자가 계속 나오니 발음하기 쉽지 않다. 안 틀리려고 따라하는 사람들의 모습에 웃었던 기억이 난다. 그런데 그냥 웃고 지나갈 게 아니다. 그 안에는 학습 원리가 들어 있다. 우리가 영어 공부를 할 때, 어려운 발음이 들리면 쉬운 발음은 저절로 들리지 않는가? 그런 원리다. 어려운 발음을 잘 할 수 있으면 쉬운 발음도 잘 할 수 있다. 그리고 어려운 발음은 입 안의 조음 기관을 풀어주는 동작도 된다.

노래할 때 음색과 무대 매너가 아무리 좋더라도 가사가 전달 안되면 어떻겠는가? 말도 똑같다. 그래서 발음을 분명히 해야 한다. 천천히, 또박또박!

목소리는 어떻게 변형시키나?

실제 감정과 자연스레 연결되는 목소리는 연사가 청중의 마음을 움직이기 위한 중요한 수단이다. 아무리 내용이 좋아도 그 느낌을 목소리나 표정으로 전달하지 못하면 소용없다. '구슬이 서 말이라도 꿰어야 보배'는 이 경우를 말한다. 그래서 할 말이 결정되면 전달 방법이 관건이 된다. 심지어 단어 하나하나를 발음할 때도 메시지 내용과 목소리를 일치시켜야 한다.

불쌍한 사람, 무일푼인 사람 같은 말은 나지막하고 깊은 목소리로, 뻔뻔하고 거친 도둑 같은 말은 높고 흥분된 목소리로 발음해야 하지 않겠는가? 그렇게 해야 표현력이 풍부해지고 생동감이 넘친다. 이런 일치가 없다면 목소리는 의미와 다른 것을 표현하게 된다.

언어적 표현에 어울려 목소리를 자유자재로 변주할 수 있어야 한다. 단일한 어조로 말하면 청중은 금세 집중을 잃는다.

① 대화하듯이 말하라 많은 사람 앞에서 말한다고 목소리를 모두 키우는 것은 아니다. 오히려 작은 목소리가 청중의 집중을 유도할 수 있다. 예를 들어, 연설장이나 발표장에서 청중이 수군거리면 상식적으로 더 크게 말해 청중이 내는 소리가 연사의 목소리 속으로 빨려들어가도록 시도할 것이다. 하지만 이 방법은 그리 효과적이지 않다. 오히려 작은 소리로 청중의 집중을 유도할 수 있다. 아마도 청중은 이렇게 생각할 것이다. "어, 왜 갑자기 연사의 목소리가 작아졌지? 무슨 일이지?" 변화는 항상 사람의 시선을 끌게 되어 있다. 우리의 감각 안에 들어오는 모든 대상에게 해당된다. 평소 옷차림이나 머리 스타일이 바뀌면 세심한 사람은 금세 눈치챌 것이다. 목소리도 마찬가지다.

대중 앞에서 연설하거나 많은 사람 앞에서 발표하면 목소리를 크게 내야 한다고 생각하는 사람이 많을 것이다. 물론 대화하는 것보다 커야 한다. 하지만 기본적으로 대화하듯이 말하는 것이 좋다. 사람들은 자연스런 소리에 친근감을 느낀다. 뭔가 꾸미고 인위적인 소리처럼 들리면 청중은 불편해할 것이다. 대화하듯이 편안히 말하는 연사가 청중의 공감을 이끌어낼 수 있다.

지난 대선 때 민주당 문재인 후보 지원연설을 했던 윤여준의 모습이 떠오른다. 그는 문 후보가 대통령이 되어야 하는 이유를 담담히 설명해 나갔다. 말의 힘을 이해하는 연사라는 생각이 들었다. 따뜻한 인상에 음성도 듣기 편했다. 연사가 살아온 삶의 무게가 말에 제대로 실려 나왔다. 위엄 있는 대화풍의 전형적인 예라고 할 만했다. 내용도 좋았지만 목소리 톤이 참 좋았다. 연사의 따뜻함이 묻어났다. 사자후를 토해내는 찬조 연설가들도 있지만 그 어느 연사보다 윤여준의 말하기 방식에 호감이 더 갔다. 후보자가 왜 그에게 찬조 연설을 부탁했는지 알 것 같았다. 대화 톤은 일상에서 사용하는 발성이다. 하지만 그 속에는 위엄이 있어 조용하고 차분한 발성도 큰 효과를 낼 수 있다. 심지어 위트나 해학과 어울리는 발성이 대화 톤이다.

② 격정적으로 말하라 단일한 톤으로 말하는 것은 공적 자리의 연설에서는 별로 안 좋다. 계속 강조하듯이 변화를 주어야 한다. 그래야 듣는 청중이 연사의 말을 더 잘 따라갈 수 있다. 목소리 톤을 높여 말해야 하는 상황이 있다. 추도사를 낭독할 때, 고인을 죽인

책임이 적이나 혐오 집단에 있을 때, 그들의 죄를 응징하기 위해 격정적으로 말할 수 있어야 한다. 사회악을 근절시키기 위한 정책을 논하는 자리에서도 연사의 톤은 평소 대화 톤과 달라야 한다. 그리고 주장을 강력히 펼치거나 상대의 주장을 반박할때도 마찬가지다. 물론 이 경우도 오히려 차분히 이야기하는 것이 더 효과적일 수도 있다. 그래서 연사는 항상 청중과 사안을 염두에 두고 자신의 표현 수위를 저울질해야 한다. 청중을 집중시키고 나아가 공감을 이끄는 목소리에 대해 항상 판단해야 한다.

격정적으로 말해야 한다고 상대를 배려하지 말라는 뜻이 아니다. 최근 각종 언론매체의 토론 프로가 시청자에게 제공된다. 사회 현안을 해결할 의도에서 제작했겠지만 가끔 팽팽한 입장의 패널들이 펼치는 날 선 공방을 즐길 것을 강요하는 것 같아 씁쓸하기도 하다. 모 프로는 논쟁이 아니라 아예 전투다. 곧 치고받을 것 같다. 조용히 앉아서도 격정적인 논쟁을 할 수 있다. 내용에 따라 목소리에 변화를 주면 된다. 그런데 어떤 패널은 아예 일어나 자신이 준비한 자료를 들고 상대쪽으로 걸어가 상대 코 앞에 들이대질 않나 곧 주먹다짐이라도 할 태세다. 상대도 이에 질세라 자신이 준비한 자료를 들고 큰소리로 맞장구친다. 급기야 한 패널은 더이상 토론할 수 없다며 퇴장해버린다. 토론장을 빠져나가는 패널 뒤로 프로그램 이름이 오버랩된다. 死亡遊戲.

③ 중간 톤으로 말하라 군대 있을 때, 웅변 대회에 나간 적이 있다.

당신은 어떤 말을 하고 있나요?

웅변 대회의 주제는 '안전사고 예방'이었다. 예나 지금이나 안전은 말 그대로 현안이다. 나는 '그때 그 사람'이라는 제목을 들고 나갔다. 심수봉의 데뷔곡이다. 돌이켜보니 준비부터 실행까지 전 과정이 수사학이었다. 우선 생각을 발견하는 것이 중요하다고 생각했다. 군에서는 안전사고가 많이 나는데 그 안전사고의 유형을 3가지로 분류했다. 첫째, 총기사고, 둘째, 운전사고, 셋째, 화재사고, 군에서 흔한 사고들이다. 애인이 고무신을 바꿔신었다는 소식에 총을 들고 탈영한 행정반 김 일병, 외박나가 친구들과 노느라 한 숨도 못자고 귀대해 운전 중 사고를 낸 수송대 윤 상병, 화약고 탄피 작업 중 무심코 담배 꽁초를 던진 포병대 말년 김 병장, 모두 그때 그 사람이다. 주제가 안전사고이다 보니 듣는 사람에게 안전의식을 고취시키는 것이 관건일 텐데 나는 무엇보다 원고가 좋아야 한다고 생각했다. 물론 원고 구성과 표현을 다듬는 데도 게을리하지 않았다. 그런 다음 달달 외웠다. 그리고 마지막 전달 단계에서는 목소리 변화에 특별히 신경썼던 것 같다. 때로는 안타깝고 답답하고 야속한 감정을 목소리에 담아내려고 애쓴 기억이 지금도 생생하다. 바로 중간 톤이었다.

느긋한 발성으로 조곤조곤 말하는 방식이 대화 톤이고 정반대로 격정적으로 말하는 방식이 논쟁 톤인데 그 중간 발성으로 말해야 하는 경우가 있다. 청중의 연민을 불러일으킬 때 사용하는 발성이다. 분노를 이끌어낼 때도 이 톤을 사용한다. 청중을 일깨워 분노케 만들거나 실감나게 불행을 묘사하며 청중의 동정을 살 때는 중간 톤으로 말해야 한다.

표정과 시선

키케로는 전달은 정신을 표현하는데 얼굴이 정신을 그대로 찍어 낸 것이라고 말했고 눈은 바로 정신의 표시라고 했다. 표정은 생 기와 열정이 드러나야 하고 겸손이 묻어나야 한다. 청중은 연사의 자연스런 모습을 좋아한다. 시종일관 여유 있는 표정으로 상대에 게 따뜻한 시선을 보내는 연사를 누가 좋아하지 않겠는가?

긴장하면 누구든 표정이 굳어진다. 억지로 긴장하지 않는 것처 럼 보이려고 애쓰는 연사를 보면 측은하기까지 하다. 사실 청중 앞 에 서면 누구나 긴장한다. 자연스런 현상이다. 이것을 그대로 받아 들여야 한다. 그러면서 여유를 찾는 것이다. 그래야 몸이 굳지 않는 다. 몸이 열리면 표정과 시선은 안정되고 보는 사람도 편해질 것이 다. 때로는 긴장을 즐겨야 한다. 피할 수 없으면 즐기라고 하지 않 던가? 편안한 호흡으로 몸을 이완시켜나가는 것도 좋은 방법이다.

표정이라면 얼굴일 텐데 그 중 눈은 특별하다. 오죽하면 키케로 가 발표의 성공 여부는 눈에 달렸다고 했겠는가?

전달은 정신의 표현이고 그 모사가 얼굴이며 눈은 그 기호다.
눈은 감정만큼 수많은 표정을 보여주는 유일한 신체 부위다.

내가 좋아하는 노래 중에 이런 가사가 있다. "눈으로 말해요. 살짝이 말해요. 남들이 알지 못하도록 눈으로 말해요. … 사랑을 할 때면 눈으로 말해요." 어디 사랑을 나눌 때만 눈으로 하는가? 눈으로 말하면 남들은 알지 못하지만 눈을 들여다보는 상대는 금세 알아차린다. 그래서 눈은 마음의 창이라고 한다. 그러고보니 눈에 대한 이야기가 꽤 많다. 그래서 시선이 인상을 좌우한다고 한다. 아내는 가끔 이런 말을 한다. "저 사람은 눈빛이 안 좋아요. 믿을 수 없는 사람 같아요. 조심하세요." 그런데 신기하게도 한참 세월이 지나고 보면 아내의 말이 사실인 경우가 많았다.

상대의 마음을 받아들이기 부담스러울 때, 아니 싫을 때, 의도적으로 눈을 피하는 경우가 많다. 그런 상대를 보고 자신의 마음을 전하지 못해 안달하는 모습을 풍자하는 개그 프로가 있다. 남학생 선배의 마음을 얻어보려고 안간힘을 쓰는 새내기 여학생에게 시선도 안 주고 오히려 그런 새내기의 노력이 자신에게는 '의미 없다'라고까지 말하는 선배, 그것도 기타를 들고 노래까지 부르면서 전혀 관심없다는 듯 말이다. 새내기 여학생으로서는 정말 난감한 상황이다. 이것을 통해 시청자는 안스러우면서도 상황을 이해하고 웃음짓게 된다.

대화할 때 상대의 눈을 쳐다보는 것은 기본이다. 다른 곳을 응시하면서 어떻게 상대의 마음을 얻겠는가? 여러 사람 앞에서 말할 때도 마찬가지다. 청중에게 시선을 보내야 한다. 청중의 시선이 부담스럽다고 허공만 쳐다보면 안 되고 한 곳만 뚫어지게 봐도 안 된다. 시선을 따뜻하게 골고루 보내야 한다. 안 그러면 말은 하고 있지만 청중을 등지고 말하는 꼴이 된다. 말할 때 신경쓸 행동이 어디 시선뿐인가? 표정도 중요하다. 표정과 시선은 연사뿐만 아니라 청중에게도 매우 중요하다. 특히 대화할 때 듣는 사람도 대화 내용에 따라 함께 울고 웃어야 한다. 맞장구치라고 하지 않는가? 다수 청중 중의 한명으로 참석할 때도 연사가 말하는 내용에 호응하는 표정을 지어야 한다. 그래야 연사도 신이 나 더 열정적으로 임하고 청중도 더 많은 것을 얻어갈 수 있다. 그야말로 '누이 좋고 매부 좋고' 아닌가?

앞에서 표현의 변형에 대해 언급한 바 있다. 다시 한 번 상기해 보자. 변형이 왜 문제가 되는가? 청중의 집중을 이끌어내고 즐거움을 선사하기 위해서다. 일상적인 표현으로 일관하면 듣는 사람은 금세 지루할 것이다. 그러면 집중이 흐트러지고 청중과의 교감은 점점 멀어진다. 비단 표현에서만 변화가 필요한가? 전달할 때도 변화는 항상 문제가 된다. 연설 내용에 맞춰 표정과 시선에 변화를 주어야 한다. 메시지에 든 희로애락의 흐름을 표정과 시선으로 정확히 전할 수 있어야 한다. 때로는 기쁘고 때로는 슬프게, 때로는 강하고 때로는 부드럽게, 때로는 진지하고 때로는 덤덤하게 말이다. 그렇다면 어떤 표정과 시선이 언어적 표현의 효과를 높일 수 있을까?

감정에 어울리는 표정을 지어라

언제 어떤 표정을 지어야 할지 난감했던 적이 한 번쯤 있을 것이다. 사실 조심한다고 표정이 단번에 좋아지는 것은 아니지만 자신의 표정이 메시지 내용에 적지 않은 영향을 미친다는 사실을 알면 각별히 신경써야 할 것이다. 오죽하면 표정 관리라는 말까지 있겠는가? 표현이 풍부하다는 말 속에는 표정까지 포함된다. 표정 속에는 말하는 사람의 다양한 심리적 상태가 녹아들어 있다. 청중과의 교감이 뛰어난 연사는 표정으로 청중에게 자신의 메시지를 전달하는 데 능숙하다. 사실 어떤 상황에서는 말이 자신의 내면을 온전히 담아내지 못하는 경우가 많다. 조문객으로 "무슨 말로 상주를 위로할 수 있을까?" 고민한 적이 한두 번이 아니다. 이럴 때 표정은 언어적 표현의 부족한 면을 메꾸어주는 역할을 톡톡히 해낸다. 상황과 어울리는 적절한 표정은 상대의 반응을 쉽게 불러올 수 있어 대화에 적지 않은 도움을 준다. 따라서 표정은 말의 내용을 수반하거나 아예 말을 대신하기도 한다.

연설 내용과 표정을 일치시켜라

김연아는 다른 선수들에 비해 월등한 기량을 가지고 있지만 특히 음악을 해석하고 몸으로 표현하는 능력은 타의 추종을 불허한다. 슬픈 표정으로 가녀린 손을 가슴에 모으고 얼음판을 지치는 모습은 보는 사람의 애간장을 녹인다.

말할 때도 표정이 중요하다. 연설 내용과 목소리와 몸짓이 조화될 때 청중은 더 쉽게 공감한다. 표정과 시선도 그에 못지 않다. 만약 논증하려고 한다면 몸을 앞으로 숙여야 한다. 청중의 마음을 자신 쪽으로 끌어들이기 위해 가능한 한 얼굴을 청중 쪽으로 가까이 보내야 하기 때문이다. 익살을 나타내려면 표정을 통해 웃음을 표현할 수 있어야 한다. 논쟁하려면 팔을 더 빨리 움직이고 표정도 더 풍부해야 하며 시선도 예리해야 한다. 청중의 감정을 더 자극하려면 격정적인 톤과 몸짓의 다양한 변화를 주어야 한다. 예를 들어, 자신의 다리나 머리를 치거나 다양한 표정을 지으면 더 효과적이다.

미소 지어라

아이들의 천진난만한 웃음을 바라보면 영혼이 정화되는 것 같지 않은가? 비단 아이들의 웃음만 그런가? 주름이 깊게 패인 노인의 환하게 웃는 모습을 보면 어느새 마음이 넉넉해진다. 프란치스코 교황의 미소, 낮은 데로 임하는 그의 선한 마음이 미소로 활짝 피어난다. 고위층의 얼굴이 아닌 동네 구멍가게 아저씨 같은 편안한 모습이다. 그런데 왠지 '포스'가 느껴진다. 왜일까? 목자로 살아온 성스런 삶이 농축된 얼굴에 온화한 눈빛과 백만불짜리 미소가 드러나는 것이다. 그런 미소는 주위를 환하게 해준다. 안구뿐만 아니라 마음까지 정화된다. 사람이 꽃보다 아름답고 향기롭다는 말은 교황 같은 사람을 두고 하는 말일 것이다. 어릴 때부터 소박한 꿈 하나가 있다. 해맑은 모습으로 늙어가는 것이다. 천진난만한 아이 같은 노인이라는 소리를 듣는다면 더이상 바랄 게 없겠다.

'웃는 얼굴에 침 뱉으랴?', '웃으면 복이 와요', '웃음이 없는 사람은 장사하면 안 된다.' 웃음과 관련된 격언이나 경구는 매우 많다. 남 앞에 서는 사람은 보는 사람을 편하게 해주어야 한다. 그러려면 웃을 만한 것이 없지 않은가? 그래서 연사는 미소가 아름다워야 한다. 말하는 동안 내내 입 꼬리가 올라간 사람과 대화를 나누면 상대도 덩달아 기분이 좋아진다. 입 꼬리를 올릴 때 주의할 사항 몇 가지가 있다. 양쪽 입 꼬리가 동시에 올라가야 한다. 눈도 따라 웃어야 한다. 입 꼬리가 올라갈 때 눈도 따라 웃어야 한다는 말이다. 그렇게 안 하면 '썩소'가 된다.

●●●

몸짓

몸을 움직일 때도 연사는 항상 생각해야 한다. 내용만 생각해서는 안 된다는 말이다. 서있는 자세는 물론 손동작에 특별히 신경써야 한다. 연단에 오를 때와 내려갈 때도 마찬가지다. 발성과 몸짓이 조화를 이루면 청중의 마음을 움직일 수 있으므로 각 발성에 어울리는 몸짓이 있다. 먼저 위엄 있는 발성에는 차분한 동작과 한 곳에 서서 가볍게 움직이는 정도만 취해야 한다. 그리고 말의 내용과 표정을 일치시키는 것도 매우 중요하다. 밝은 내용을 말하면서 슬픈 표정을 지으면 되겠는가?

조용하면서 차분한 발성과 어울리는 몸짓은 청중을 향해 약간 숙이는 것이다. 유머러스한 발성과 어울리는 몸짓은 변화를 주지 않고 표정이 밝은 것이다. 웃음은 말의 내용에서 온다고 생각하지만 사실 전달 방식이 결정한다. 내용이 아무리 웃겨도 이상하게 전달해버리면 실감나지 않는다는 말이다.

논쟁 톤은 목소리 속도와 강도를 늦추지 않고 지속적인 톤으로 빠르고 격렬히 손을 움직이면 더 효과적이다. 표정도 다양하게 바꿔야 한다. 시선은 날카롭고 한 곳을 주시해야 한다.

연사가 앞에 서서 말하면 청중은 연사를 쳐다본다. 청중 앞에 연사의 모습이 노출된다. 앞에서 말했듯이 가능하면 청중으로부터 좋은 인상을 받아야 한다. 우리는 생각을 전하는 말로 사람을 판단한다. 말을 전하는 태도와 몸짓은 그래서 중요하다. 목소리에서 전해지는 진한 울림과 조화를 이루며 눈 앞에 펼쳐지는 연사의 자연스럽고 우아한 동작은 청중에게 깊은 신뢰를 준다. 연사가 항상 추구해야 하는 성품은 말의 내용과 더불어 동작으로 가장 잘 나타난다. 그렇다면 연사는 훌륭한 몸짓을 위해 무엇을 신경써야 할까?

자연스럽게 움직여라

TV에 비치는 우리나라 정치인 모습을 보면 왠지 경직되고 부자연스러운 느낌을 지울 수 없다. 반면, 서양의 정치인들은 우리보다 자연스럽게 보인다. 오바마 미국 대통령은 명연사로 유명하다. 특히 그의 전달력은 정평나 있다. 동작이 매우 자연스러워 그런지 여유 있고 자신만만해 보이기까지 한다. 생기 넘치는 모습으로 뛰어오르듯이 연단에 등장하는 모습은 어느새 그의 트레이드 마크가 되었다. 자연스런 몸짓을 보이는 연사의 말은 듣기에도 편하다.

세상의 모든 것이 서로 조화를 이룬 모습을 보면 자연스럽지 않은가? 말할 때도 같은 이치가 작동한다. 자연스런 동작에서 나오는 말이 청중의 호응을 얻는다. 물흐르듯 해야 한다는 뜻인데 너무 긴장하거나 호감을 얻으려고 무리하다보면 거동이 어색해진다. 청중과 깊은 공감대를 형성한 연사의 몸짓은 매우 자연스럽다. 연사의 몸짓은 종종 배우와 비교된다. 훌륭한 배우는 무대 위에서 매우 자연스럽게 움직인다. 그래서 고대 로마에서 연설가를 꿈꾸는 아이들은 연극 배우로부터 발성과 발음, 표정과 몸짓 등 전반적인 비언어적 행위에 대해 배웠다. 물론 연설 교사들은 연설가의 연설과 배우의 연기가 본질적으로 다르다는 점을 강조했다. 연설은 현장에서 일어나는 삶을 이야기하는 것이고 배우의 연기는 설정 상황에서 나오는 것이므로 교사들은 연설이 연기로 변질되는 것을 경계했던 것이다.

현실의 삶을 표현하는 연사는 현실의 삶을 모방하는 배우와 아무 관련이 없다. 연기 차원뿐만 아니라 더 근본적인 면에서 배우와 연사는 확실히 구분된다. 연사는 자신이 전하려는 생각의 모습을 심도 있게 나타내야 한다. 그것은 연기로 보여줄 수 없고 몸으로 살려내는 것이다. 그러려면 연사는 자신이 청중에게 불러일으키는 감정을 스스로 느껴야 하고 그 감정으로 자신의 내면을 채워야 한다. 내면에서 나오는 자연스런 몸짓이 청중의 마음을 움직일 수 있다.

우아하게 움직여라

발레리나의 몸짓은 참 우아하다. 가수들은 어떤가? 무대 매너가 훌륭한 사람이 노래도 잘한다. 연사의 모습도 발레리나 성악가의 모습과 비슷하다. 연단까지 걸어가는 모습이 우아한 연사에게 신뢰가 더 가지 않는가? 연설이나 발표할 때도 우아하게 제스처를 취하는 연사에게 더 집중된다. 키케로는 연단에서 연사의 몸짓이 천하게 보여서는 안 된다고 강조한다.

말하다보면 몸이 자연스레 움직인다. 평소 반듯한 사람은 말할 때도 반듯하다. 연단에 기대거나 구부정하게 서서 왔다갔다 하는 연사를 보면 왠지 들을 만한 이야기가 나오지 않을 것 같다. 어떤 동작이 연설을 방해하는가? 제스처가 매우 크거나 손을 자주 흔들거나 머리를 만지는 등 여러 가지다. 이런 동작은 메시지를 따라가는 데 적잖은 부담을 준다. 결국 청중이 연사의 말을 제대로 공감하지 못하는 상황에 이른다.

그렇다면 많은 사람 앞에서 말할 때 어떤 마음이 도움이 될지 생각해본다. 우선 '우아'라는 단어를 떠올려본다. 그리고 마치 내가 디바diva가 된 것처럼 고고한 모습으로 연단으로 걸어나간다. 설사 말하다가 틀려도 당황하지 않고 우아한 모습을 잃지 않으려고 노력해야 한다.

조화롭게 움직여라

누군가 말하는 모습을 보고 낯선 적이 있는가? 왜 그럴까? '몸 따로 말 따로'가 문제다. 말할 때, 목소리와 몸짓은 균형을 유지해야 한다. 안 그러면 코미디가 된다. 코믹한 연사의 모습을 보여주면서 청중의 웃음을 유발하는 장면이 지금도 눈에 선하다. 이런 식이었다. 연사가 연설을 마무리하면서 "이 연사, 목이 터져라 외치는 바입니다."라면서 주먹으로 연단을 '꽝' 내리치는 장면이었다. 정상적인 경우라면 이상하지 않을 것이다. 즉 연설 내용과 목소리와 행동이 조화되는 경우 말이다. 그런데 먼저 연설 내용에서 마지막 술어 '외치는 바입니다'를 '외친다'로 바꾸면 어떤 느낌이 드는가? 청중을 하대하는 것이고 상궤를 일탈하는 것이니 웃음 코드로 작용한다. 게다가 목소리까지 바꿔 살짝 끝을 올리면 그야말로 웃음이 절로 나온다. 한때 유행한 코미디 메뉴였다. 이번에는 이 대목을 말하면서 취하는 손 동작에 주목해보자. 정상적인 경우라면 말과 행동에 타이밍을 맞추어 조화롭게 해야 한다. 그런데 말한 다음 한참 후에 강조한답시고 주먹을 들어올린다거나 탁자를 '꽝' 내리친다면 어떤 느낌이 들겠는가? 이것도 로봇처럼 느껴지지 않겠는가? 외국 영화를 볼 때, 자막이 안 맞으면 흐름이 깨진다. 말과 행동이 조화를 이루지 못할 때도 마찬가지다. 연설 느낌을 고조시켜야 할 때, 느낌은 고사하고 청중을 웃겨 스스로 코미디 주인공이 되어서야 쓰겠는가? 연설을 통해 메시지를 제대로 전달하기 위해 조화로운 몸짓에 더 신경써야 하는 이유가 여기 있다.

언어적 표현은 비언어적 표현과 잘 조화될 때 효과가 극대화된다. 말과 목소리와 몸짓의 상호작용이 제대로 이루어지면 즉 조화를 이룬다면 연설은 강력한 힘을 발휘한다. 말이란 '상대의 귀까지만 전달되면 끝 아닌가?'라고 생각하지 말아야 한다. 목소리에 담긴 다양한 정서, 표정과 시선을 포함한 여러 신체적 표현을 고려할 때, 메시지는 제대로 전달되는 것이다. 연설할 때, 목소리나 몸짓이 부적절하면 코미디가 되고 연설 전체를 망칠 수 있다는 점을 재차 상기해야 한다.

에필로그

얼마 전 전남 여수 앞바다에서 유조선이 충돌해 기름이 유출되어 어민들의 억장이 무너지는 사고가 있었다. 사태 수습을 위해 관계 부처 장관이 나서 한마디 거들면서 1차 피해, 2차 피해 운운하다가 불난 집에 부채질을 하고 말았다. 공인의 말, 그것도 사회지도층의 말 한마디가 얼마나 중요한지 실감할 수 있었다. 말이란 그럴 법해야 듣는 사람이 공감한다. 시의적절하고 조화를 이루어야 한다.

문제는 말인데 말이라고 다 말이 아니다. 시의적절한 말은 리더가 갖출 중요한 덕목이 된 지 오래다. 생각해보고 따져보고 판단한 후, 진정성 있는 마음에서 나온 말이 사람의 마음을 움직인다. 그런데 우리는 말하기에 대해 체계적으로 배워본 적이 없다. 지도층 인사들이 공식석상에서 실언하는 것도 이와 무관하지 않다. 공식석상의 말이 이 정도인데 사적인 자리에서는 오죽할까? 늘 소통이 문제다.

모 방송국의 중학생 영어토론 프로를 본 적이 있다. 국제학교

학생들이어서 그런지 영어 실력이 거의 모국어 수준이었다. 그런데 토론을 보면서 눈을 의심하는 장면이 나왔다. 한 학생이 자신의 의견을 열정적으로 피력한다. 이에 대해 상대편 패널들이 손을 들어 발언 의사를 표시한다. 그 학생은 거절한다. 그리고 계속 자신의 발언을 이어간다. 이번에는 상대편의 여러 명이 동시에 손을 들고 발언 의사를 표명한다. 발표자는 그들을 거들떠보지도 않고 계속 자신의 발언을 이어가는데 손 동작이 가관이다. 상대에 대한 예의도, 배려도 없이 상대를 바라보지도 않은 채 손으로 연신 제지하면서 말을 계속했다. 일부 어른들의 토론 모습의 영향을 받았을 것이다. 아니면 주어진 시간 안에 내가 준비한 말을 다해야 하니 그 쪽은 듣고나 있으라는 심산인지도 모르겠다. 어쨌든 보는 동안 내내 마음이 편치 않았다.

아무리 규칙을 엄수하는 토론이더라도 자기 말만 하는 것은 아닐 것이다. 상대를 배려하는 토론자의 말에 신뢰를 보낸다는 생각을 왜 못할까? 진정한 소통은 배려에서 나온다. 상대의 말을 잘 듣고 공감하는 데서 소통은 시작된다. 말을 잘 하는 사람은 남의 말을 '경청'하는 사람이다. 평판이 좋은 사람들은 일반적으로 말수가 적고 상대보다 나중에 말하며 다른 사람의 말에 세심히 귀 기울인다.

학문적인 노력을 통해 세상 이치를 깨닫고 이것을 몸소 실천한 사람을 우리는 성인聖人이라고 부른다. 성인의 삶은 거룩하고 존경의 대상이므로 우리는 감히 범접할 수 없을 것 같은 생각이 든다. 그런데 '聖' 자를 풀어보면 참 단순하다. '귀로 듣고 입으로 말하는 것을 통해 왕이 된다'는 뜻인데 최고의 리더가 되려면 잘 듣고 잘 말해야 한다는 뜻이다. 우리도 남의 말을 잘 듣고 내 의견을 잘 말할 수 있으면 성인聖人이 될 수 있지 않을까?

한자 이야기가 나온 김에 철자 하나를 더 보기로 하자. 소통疏通의 '疏' 자를 '소진시키다', 즉 '태워 없애다'는 뜻의 '소燒'자로 생각하면 소통이 잘 될 거라는 생각을 해본다. 나의 에고ego를 드러내려고 애쓸 것이 아니라 오히려 그것을 드러내지 않고 소진시키려고 애쓸 때 비로소 통할 수 있지 않을까?

'말이 곧 사람이다' 우리는 누군가와 몇 분만 대화해보면 어떤 사람인지 금세 알 수 있다는 생각이 든다. 말이 곧 그 사람의 정체성을 나타내기 때문이다. 그래서 말을 잘 해야 한다. 그런데 그게 어디 그리 쉬운가? 그래서 고대부터 말에 대한 연구가 이어져왔다. 그 중 가장 오래된 학문이 수사학이다.

수사학은 제대로 소통하는 법을 우리에게 알려준다. 말하는 사람과 듣는 사람, 그리고 말을 둘러싼 모든 것을 체계적으로 정리해 보여준다. 수사학은 설득의 수단을 알게 해줄 뿐만 아니라 인간 교육은 물론 리더십의 기본이고 종합 학문이며 만사의 여왕이다. 나아가 진정한 소통을 이끄는 최고의 원리다.

우리는 모두 수사적 인간rhêtorikos이다. 수사적 인간이란 어떤 사람인가? 자신의 의견을 말로 표현하며 남들과 소통하는 사람이다. 남들과 원활한 소통을 하려면 항상 역지사지를 실천해야 한다. 나아가 개인적인 욕망에서 벗어나 공공성을 추구해야 한다. 공공성을 위해 만사를 판단하고 공평무사를 실천해야 지혜로운 사람이다. 지혜로운 사람은 시의적절한 의견을 잘 구성하고 그것을 실천할 수 있는 현명한 사람이다. 수사적 인간이라고 단순히 말만 잘하는 인간으로 이해하면 안 된다. 말을 잘할 뿐만 아니라 정신의 모든 덕성을 구비한 인간을 말한다. 수사적 인간을 지향하는 학문이 바로 수사학이고 수사학은 아름다운 소통을 위한 행복한 말하기에서 출발한다. 현대의 문명사적 조건이 수사학을 부른다.

소통하면서 살아가야 하는 인간 존재. 소통이 필요한 곳에는 늘 수사학이 있다!

감사의 글

이 책이 나오기까지 많은 분들께 신세를 졌다. 한국수사학회 회원 분들께 특별한 고마움을 전한다. 함께 공부하면서 많은 배움의 기회를 얻을 수 있었다. 고려대학교 불어불문학과 전성기 명예교수로부터 현대수사학의 여러 갈래를 들을 수 있었고 서울대 인문학연구원 김헌 교수와 안재원 교수는 고대 그리스와 고대 로마 수사학의 많은 이야기를 들려주었다.

서울대 역사교육과 허승일 명예교수, 김덕수 교수, 서울대 고전협동 과정 김기훈 선생에게 고마움을 전한다. 매주 만나 서양 고전 원전을 함께 읽으며 대화를 나누면서 고대 수사학은 물론 고대 역사와 문화에 대한 이해를 더할 수 있었다. 서울대 기초교육원 윤선구 교수에게도 고마움을 전한다. 철학의 근본 문제를 성찰할 수 있었던 것은 모두 윤 교수와 나눈 토론 덕분이다. 서울대 철학과 강상진 교수와 나눈 대화를 통해 논리학과 수사학의 관계를 돌아볼 수 있었다. 내 수업을 들었던 학생들에게도 고마움을 전한다. 올바른 소통법을 찾기 위해 수업에서 학생들과 함께 고민하고 열띤 토론을 벌이면서 생각을 정리할 수 있었다.

이 책의 기획 과정부터 원고 완성까지 함께 고민하고 토론하며 좋은 아이디어를 많이 제공한 서울대 국어국문학과 박성창 교수, 연세대 학부대학 김성수 교수, 진성과학(주) 박상진 대표, 진성북스 김제형 편집장에게 특별한 고마움을 전한다. 원고를 꼼꼼히 읽고 조언을 아끼지 않은 명지대 방목기초대학 장혜영 교수에게도 고마움을 전한다. 특히 밥상머리에 앉아 열띤 토론을 벌여준 소라와 예솔이 그리고 아내에게 고마움을 전한다. 끝으로 이 책이 아름다운 소통에 대해 생각해보는 작은 계기가 될 수 있기를 희망해본다.

참고문헌

8p   크세노폰, 천병희 역, 『페르시아 원정기. 아나바시스』, 도서출판 숲, 2011.

18p   Aristotle. 『On Rhetoric. A theory of civic discourse. 2. Edition』. Translated with Introduction, Notes, and Appendices by J. A. Kennedy. Oxford University Press. 2007.

21p   Cicero. 『On the Orator. Books 1-2』. Translated by E.W. Sutton, H. Rackham. Havard University Press. Loeb Classical Library 348.

21-22p   김헌, 『위대한 연설』, 인물과 사상사, 2008.

22p   신기철, 신용철, 『새우리말 큰 사전』, 삼성출판사, 1989.

22p   이영훈. 「일본의 수사학 연구 동향」, 한국수사학회 4월 월례발표회 자료집, 2004.

23p   김헌. 「레토리케(Rhêtorikê)는 수사학(修辭學)인가?」, 한국수사학회 월례학술대회발표문, 2004.

24p   김헌. 「아리스토텔레스의 구분 – 시(詩)의 언어표현(lexis poiêtikê)과 연설(演說)의 언어표현(lexis rhêtorikê)」, 西洋古典學硏究 22집, 2004.

26-27p   플라톤, 강성훈 역, 『프로타고라스』, 이제이북스, 2011

27-28p   플라톤, 김인곤 역, 『고르기아스』, 이제이북스, 2011.

28p   호메로스, 천병희 역, 『일리아스』, 도서출판 숲, 2007.

28-29p   헤시오도스, 천병희 역, 『신들의 계보』, 도서출판 숲, 2009.

31-32p   Dieckmann. 『Sprachen in der Politik. Einführung in die Pragmatik und Semantik der politischen Sprache』. 2.Aufl. Heidelberg. 1975.

34p   김남두, 「고르기아스의 〈헬레네 찬사〉와 말의 힘」, 西洋古典學硏究 24, 2005.

36-38p   김남두, 「고르기아스의 〈헬레네 찬사〉와 말의 힘」, 西洋古典學硏究 24, 2005.

38p   이태수, 「인문학의 두 계기 – 진리탐구와 수사적 설득」, 장회익 외.『삶, 반성, 인문학 – 인문학의 인식론적 구조』, 태학사, 2003.

39-40p   Aristotle. 『On Rhetoric. A theory of civic discourse. 2. Edition』. Translated with Introduction, Notes, and Appendices by J. A. Kennedy. New York. Oxford: Oxford University Press. 2007.

41p   Göttert, 『Einführung in die Rhetorik, Grundbegriffe – Geschichte – Rezeption』, Wilhelm Fink Verlag, 1991.

당신은 어떤 말을 하고 있나요?

플라톤, 조대호 역해, 『파이드로스』, 문예출판사, 2008.

Quintilian. 『The Orator's Education. Books 1-12. Edited a. Donald A. Russell. Havard University Press. 2001.

42-43p 호메로스, 천병희 역, 『일리아스』, 도서출판 숲, 2007.

43p 김헌, 「고대 그리스의 수사학」, 2014 하계 수사학 아카데미 자료집.

45p 플라톤, 김인곤 역, 『고르기아스』, 이제이북스, 2011.

46-47p 플라톤, 조대호 역해, 『파이드로스』, 문예출판사, 2008.

48-50p 김헌, 『위대한 연설』, 인물과 사상사, 2008.

52-53p Quintilian. 『The Orator's Education. Books 1-12』. Edited a. Donald A. Russell. Havard University Press. 2001.

김덕수, 「퀸틸리아누스의 교육사상의 역사적 의의-연설가교육론 (Institutio Oratoria) 1권 1-3장을 중심으로」, 한국서양고전학회 2012년도 춘계학술대회자료집.

53-54p 장지연, 「라틴어 문법서에 나타나는 문학과 글쓰기 기초 교육」, 수사학 11집, 2009.

54p 게르트 위딩, 박성철 역, 『고전수사학』, 동문선, 2003.

58p http://terms.naver.com/entry.nhn?docId=1720343&cid=47336&category Id=47336

59p http://terms.naver.com/entry.nhn?docId=1720343&cid=47336&category Id=47336

59-60p 김종영, 『히틀러의 수사학』, 커뮤니케이션북스, 2010.

62-63p 안재원, 「고대 로마의 이상적 연설가(orator perfectus)론」, 西洋古典學硏 究 20집, 2003.

63-67p Cicero. 『Brutus. With an english translation by G.L. Hendrickson. Havard University Press. Loeb Classical Library 342.

Cicero. 『On the Orator. Books 1-2. Translated by E.W. Sutton, H. Rackham. Havard University Press. Loeb Classical Library 348.

67p Quintilian. 『The Orator's Education. Books 1-12. Edited a. Donald A. Russell. Havard University Press. 2001.

68p Aristotle. 『On Rhetoric. A theory of civic discourse. 2. Edition. Translated with Introduction, Notes, and Appendices by J. A. Kennedy. Oxford University Press. 2007.

70p 이태수, 「언어, 수사술 그리고 인문학」, 수사학 2집, 2005.

손장권, 「페렐만 신수사학의 사회철학과 방법론 고찰」, 수사학 2집, 2005.

71p 　서정일, 「알베르티의 『건축론』의 수사학적 성격 - 건축학정립의 문제와 주요설명개념」, 수사학 13집, 2010.

75p 　전성기, 「파동적 수사(학)」, 2014 하계 수사학 아카데미 자료집.
　　　미셸 메이에르, 전성기 역, 『수사修辭 문제- 언어 · 이성 · 유혹』, 고려대학교출판부, 2012.

76-77p 김헌, 「고대 그리스의 수사학」, 2014 하계 수사학 아카데미 자료집.

84p 　김헌, 『위대한 연설』, 인물과 사상사, 2008.

86p 　이순신, 노승석 역, 『증보 교감완역 난중일기』, 도서출판 여해, 2014.

95p 　Aristotle. 『On Rhetoric. A theory of civic discourse. 2. Edition』. Translated with Introduction, Notes, and Appendices by J. A. Kennedy. Oxford University Press. 2007.

97-98p 키케로, 안재원 편역, 『수사학. 말하기의 규칙과 체계』, 도서출판 길, 2006.

104-107p 안재원, 「키케로(Cicero, 기원 전 106년~43년)의 쟁점 구성 이론(status)에 대하여 : 쿠리우스 소송(causa curiana)을 중심으로」, 서울대학교 法學 제51권 제2호 통권 제155호, 2010.
　　　키케로, 안재원 편역, 『수사학. 말하기의 규칙과 체계』, 도서출판 길, 2006.

108-109p 아리스토텔레스, 김재홍 역, 『변증론』, 도서출판 길, 2008.
　　　키케로, 양태종 역, 『생각의 수사학』, 유로, 2007.
　　　키케로, 안재원 편역, 『수사학. 말하기의 규칙과 체계』, 도서출판 길, 2006.
　　　강상진, 「서구 수사학의 중세적 전통 - 토포스를 중심으로」, 西洋古典學硏究 205, 2006.

109-110p 아리스토텔레스, 김재홍 역, 『변증론』, 도서출판 길, 2008.
　　　Cicero. 『Brutus』. With an english translation by G.L. Hendrickson. Havard University Press. Loeb Classical Library 342.
　　　키케로, 양태종 역주, 『화술과 논증』, 유로, 2006.

110-111p Quintilian. 『The Orator's Education. Books 1-12』. Edited a. Donald A. Russell. Havard University Press. 2001.
　　　게르트 위딩, 박성철 역, 『고전수사학』, 동문선, 2003.

112p 　김구, 『백범일지』, 범우사, 1994.

114-115p Aristotle. 『On Rhetoric. A theory of civic discourse. 2』. Edition. Translated with Introduction, Notes, and Appendices by J. A. Kennedy. Oxford University Press. 2007.

116p 플루타르코스, 허승일 역, 『플루타르코스의 모랄리아. 교육·윤리편』, 서울대학교출판문화원, 2012.

117p 호메로스, 천병희 역, 『일리아스』, 도서출판 숲, 2007.

118-119p http://navercast.naver.com/contents.nhn?rid=75&contents_id=118

120-122p 키케로, 안재원 편역, 『수사학. 말하기의 규칙과 체계』, 도서출판 길, 2006.

122-124p Aristotle. 『On Rhetoric. A theory of civic discourse. 2. Edition』. Translated with Introduction, Notes, and Appendices by J. A. Kennedy. New York. Oxford: Oxford University Press. 2007.

124p Quintilian. 『The Orator's Education. Books 1-12. Edited a. Donald A. Russell. Havard University Press. 2001.

128p http://terms.naver.com/entry.nhn?docId=1714356&cid=43938&categoryId=43943

130p http://terms.naver.com/entry.nhn?docId=1714356&cid=43938&categoryId=43943

132-133p http://www.youtube.com/watch?v=7aA17H-3Vig

134-136p Wieland, Christoph Martin. 『Geschichte der Abderiten』, in: Fritz Martini(Hg.). Christoph Martin Wieland. Werke in einem Band. München. 1982.

142p Aristotle. 『On Rhetoric. A theory of civic discourse. 2. Edition』. Translated with Introduction, Notes, and Appendices by J. A. Kennedy. Oxford University Press. 2007.
키케로, 안재원 편역, 『수사학. 말하기의 규칙과 체계』, 도서출판 길, 2006.

142-143p 김헌, 『위대한 연설』, 인물과 사상사, 2008.

144p http://terms.naver.com/entry.nhn?docId=1720352&cid=47336&categoryId=47336

145p http://www.bobaedream.co.kr/view?code=politic&No=77410

147p http://tvpot.daum.net/clip/ClipView.do?clipid=57841951

148p http://www.bobaedream.co.kr/view?code=politic&No=77410

149p http://terms.naver.com/entry.nhn?docId=1720350&cid=47336&categoryId=47336

150p http://terms.naver.com/entry.nhn?docId=1720350&cid=47336&categoryId=47336

151p 키케로, 안재원 편역, 『수사학. 말하기의 규칙과 체계』, 도서출판 길, 2006.

151-152p http://www.cnbnews.com/news/article.html?no=13806

153p http://terms.naver.com/entry.nhn?docId=1714356&cid=43938&category Id=43943

154p http://terms.naver.com/entry.nhn?docId=1714356&cid=43938&category Id=43943

155-156p Aristotle. 『On Rhetoric. A theory of civic discourse. 2. Edition. Translated with Introduction, Notes, and Appendices by J. A. Kennedy. Oxford University Press. 2007.

156p 키케로, 안재원 편역, 『수사학. 말하기의 규칙과 체계』, 도서출판 길, 2006.

157p http://www.youtube.com/watch?v=jS6UvnTPzw&feature=related

158-159p http://www.youtube.com/watch?v=7aA17H-3Vig

161p Sanders. 『Linguistische Stiltheorie. Probleme, Prinzipien und moderne Perspektiven der Sprachstils』. Göttingen. 1973.

162p Sowinski. 『Deutsche Stilistik. Beobachtungen zur Sprachverwendung und Sprachgestaltung im Deutschen』. Stuttgart. 1991.

162-163p 김헌. 「그리스 고전기의 "테크네"개념」, 제3회 문명포럼. 테크네(Techne): 예술 또는 기술, 서울대학교 인문학연구원 HK문명연구사업단 자료집, 2009.

163-164p 만프레트 푸어만, 김영옥 역, 『고대수사학』, 시와 진실, 2012.

164-165p 키케로, 안재원 편역, 『수사학. 말하기의 규칙과 체계』, 도서출판 길, 2006.
만프레트 푸어만, 김영옥 역, 『고대수사학』, 시와 진실, 2012.

165-166p http://blog.naver.com/yhnnhy12/130124032974

167p 키케로, 안재원 편역, 『수사학. 말하기의 규칙과 체계』, 도서출판 길, 2006.

168-171p Quintilian. 『The Orator's Education. Books 1-12』. Edited a. Donald A. Russell. Havard University Press. 2001.
만프레트 푸어만, 김영옥 역, 『고대수사학』, 시와 진실, 2012.

169p 아리스토텔레스, 천병희 역, 『시학』, 문예출판사, 2002.

171p 키케로, 안재원 편역, 『수사학. 말하기의 규칙과 체계』, 도서출판 길, 2006.

172p 김구, 『백범일지』, 범우사, 1994.

173p 김종영, 『파시즘 언어』, 한국문화사, 2003.

174p 키케로, 안재원 편역, 『수사학. 말하기의 규칙과 체계』, 도서출판 길, 2006.
Cicero. 『Orator』. With an english translation by H.M Hubbell. Havard University Press. Loeb Classical Library 342.
안재원, 「키케로의 수사학과 바움가르텐의 미학 - 키케로의 어울림(decorum) 개념과 바움가르텐의 크기(magnitudo) 개념의 비교」, 2014 하계 수사학 아카데미 자료집.

174-175p http://www.bobaedream.co.kr/view?code=politic&No=77410

176p http://terms.naver.com/entry.nhn?docId=1720352&cid=47336&category Id=47336

177p http://terms.naver.com/entry.nhn?docId=1720352&cid=47336&category Id=47336

177-178p 아리스토텔레스, 천병희 역,『시학』, 문예출판사, 2002.

178p 안재원,「키케로의 수사학과 바움가르텐의 미학 - 키케로의 어울림 (decorum) 개념과 바움가르텐의 크기(magnitudo) 개념의 비교」, 2014 하계 수사학 아카데미 자료집.

179p http://www.youtube.com/watch?v=tvdEyLkqbsU

184-187p 김종영,『파시즘 언어』, 한국문화사, 2003.

190-191p 김종영,『히틀러의 수사학』, 커뮤니케이션북스, 2010

191p 키케로, 안재원 편역,『수사학. 말하기의 규칙과 체계』, 도서출판 길, 2006.

191-192p 만프레트 푸어만, 김영옥 역,『고대수사학』, 시와 진실, 2012.

192-194p 아리스토텔레스, 천병희 역,『시학』, 문예출판사, 2002.

195p http://terms.naver.com/entry.nhn?docId=1720343&cid=47336&category Id=47336

197p 호메로스, 천병희 역,『일리아스』, 도서출판 숲, 2007.
헤시오도스, 천병희 역,『신들의 계보』, 도서출판 숲, 2009.

200p 김남시,「중국문자에 대한 서양기억술 - 마테오 리치의 〈서국기법〉」, 제15회 문명연구 심포지엄, 동서 문명 교류연구, 서울대학교 인문학연구원 인문한국 문명연구 사업단 자료집, 2011.

201-202p 이재원,「기억의 수사학」, 한국수사학회 2011년 하계학술대회 및 수사학 여름학교 자료집, 2011.

205p Cicero.『Brutus』. With an english translation by G.L. Hendrickson. Havard University Press. Loeb Classical Library 342.

206p Cicero.『On the Orator. Books 1-2. Translated by E.W. Sutton, H. Rackham. Havard University Press. Loeb Classical Library 348.
박성철,「신체언어의 수사학 - 고전 수사학의 actio/pronuntiatio와 '비언어 커뮤니케이션'」, 2014년 하계 수사학 아카데미 자료집.

207p 플루타르코스, 김헌 주해,『데모스테네스와 키케로, 민주와 공화를 웅변하다. 두 정치연설가의 생애』, 한길사, 2013.

212-215p [Cicero].『Rhetorica ad Herennium』. Translated by Harry Caplan. Havard

University Press. Loeb Classical Library 403.

212p   Quintilian. 『The Orator's Education. Books 1-12. Edited a. Donald A. Russell. Havard University Press. 2001.

박성철, 「신체언어의 수사학 – 고전 수사학의 actio/pronuntiatio와 '비언어 커뮤니케이션'」, 2014년 하계 수사학 아카데미 자료집.

215p   박성철, 「신체언어의 수사학 – 고전 수사학의 actio/pronuntiatio와 '비언어 커뮤니케이션'」, 2014년 하계 수사학 아카데미 자료집.

양태종, 『수사학이 있다 – 수사학의 이해』, 유로, 2009.

216p   Cicero. 『On the Orator. Books 1-2. Translated by E.W. Sutton, H. Rackham. Havard University Press. Loeb Classical Library 348.

박성철, 「신체언어의 수사학 – 고전 수사학의 actio/pronuntiatio와 '비언어 커뮤니케이션'」, 2014년 하계 수사학 아카데미 자료집.

양태종, 『수사학이 있다 – 수사학의 이해』, 유로, 2009.

220p   Cicero. 『On the Orator. Books 1-2. Translated by E.W. Sutton, H. Rackham. Havard University Press. Loeb Classical Library 348.

박성철, 「신체언어의 수사학 – 고전 수사학의 actio/pronuntiatio와 '비언어 커뮤니케이션'」, 2014년 하계 수사학 아카데미 자료집.

221-222p   박성철, 「신체언어의 수사학 – 고전 수사학의 actio/pronuntiatio와 '비언어 커뮤니케이션'」, 2014년 하계 수사학 아카데미 자료집.

양태종, 『수사학이 있다 – 수사학의 이해』, 유로, 2009.

223p   Cicero. 『On the Orator. Books 1-2. Translated by E.W. Sutton, H. Rackham. Havard University Press. Loeb Classical Library 348.

박성철, 「신체언어의 수사학 – 고전 수사학의 actio/pronuntiatio와 '비언어 커뮤니케이션'」, 2014년 하계 수사학 아카데미 자료집.

224p   [Cicero]. 『Rhetorica ad Herennium』. Translated by Harry Caplan. Havard University Press. Loeb Classical Library 403.

양태종, 『수사학이야기』, 동아대학교출판부, 2003.

진성북스
도서목록

사람이 가진 무한한 잠재력을 키워가는 **진성북스**는
지혜로운 삶에 나침반이 되는 양서를 만듭니다.

앞서 가는 사람들의 두뇌 습관

스마트 싱킹

아트 마크먼 지음 | 박상진 옮김
352쪽 | 값 17,000원

숨어 있던 창의성의 비밀을 밝힌다!

인간의 마음이 어떻게 작동하는지 설명하고, 스마트해지는데 필요한 완벽한 종류의 연습을 하도록 도와준다. 고품질 지식의 습득과 문제 해결을 위해 생각의 원리를 제시하는 인지 심리학의 결정판이다! 고등학생이든, 과학자든, 미래의 비즈니스 리더든, 또는 회사의 CEO든 스마트 싱킹을 하고자 하는 누구에게나 이 책은 유용하리라 생각한다.

● 조선일보 등 주요 15개 언론사의 추천
● KBS TV, CBS방영 및 추천

나의 잠재력을 찾는 생각의 비밀코트

지혜의 심리학 2017 최신 증보판

김경일 지음
352쪽 | 값 16,500원

창의적으로 행복에 이르는 길!

인간의 타고난 심리적 특성을 이해하고, 생각을 현실에서 실행하도록 이끌어주는 동기에 대한 통찰을 통해 행복한 삶을 사는 지혜를 명쾌하게 설명한 책. 지혜의 심리학을 선택한 순간, 미래의 밝고 행복한 모습은 이미 우리 안에 다가가 가뿐히 자리잡고 있을 것이다. 수많은 자기계발서를 읽고도 성장의 목표를 이루지 못한 사람들의 필독서!

● OtvN <어쩌다 어른> 특강 출연
● KBS 1TV 아침마당<목요특강> "지혜의 심리학" 특강 출연
● YTN사이언스 <과학, 책을 만나다> "지혜의 심리학" 특강 출연
● 2014년 중국 수출 계약 | 포스코 CEO 추천 도서

세계 초일류 기업이 벤치마킹한
성공전략 5단계

승리의 경영전략

AG 래플리, 로저마틴 지음
김주권, 박광태, 박상진 옮김
352쪽 | 값 18,500원

전략경영의 살아있는 메뉴얼

가장 유명한 경영 사상가 두 사람이 전략이란 무엇을 위한 것이고, 어떻게 생각해야 하며, 왜 필요하고, 어떻게 실천해야 할지 구체적으로 설명한다. 이들은 100년 동안 세계 기업회생역사에서 가장 성공적이라고 평가받고 있을 뿐 아니라, 직접 성취한 P&G의 사례를 들어 전략의 핵심을 강조하고 있다.

● 경영대가 50인(Thinkers 50)이 선정한 2014 최고의 책
● 탁월한 경영자와 최고의 경영 사상가의 역작
● 월스트리스 저널 베스트 셀러

"이 검사를 꼭 받아야 합니까?"

과잉진단

길버트 웰치 지음 | 홍영준 옮김
391쪽 | 값 17,000원

병원에 가기 전 꼭 알아야 할 의학 지식!

과잉진단이라는 말은 아무도 원하지 않는다. 이는 걱정과 과잉진료의 전조일 뿐 개인에게 아무 혜택도 없다. 하버드 출신 의사인 저자는, 의사들의 진단욕심에 비롯된 과잉진단의 문제점과 과잉진단의 합리적인 이유를 함께 제시함으로써 질병예방의 올바른 패러다임을 전해준다.

● 한국출판문화산업 진흥원『이달의 책』선정도서
● 조선일보, 중앙일보, 동아일보 등 주요 언론사 추천

감성의 시대, 왜 다시 이성인가?

이성예찬

마이클 린치 지음 | 최훈 옮김
323쪽 | 값 14,000원

세계적인 철학 교수의 명강의

증거와 모순되는 신념을 왜 믿어서는 안 되는가? 현대의 문학적, 정치적 지형에서 욕설, 술수, 위협이 더 효과적인데도 왜 합리적인 설명을 하려고 애써야 하는가? 마이클 린치의 '이성예찬'은 이성에 대한 회의론이 이렇게 널리 받아들여지는 시대에 오히려 이성과 합리성을 열성적으로 옹호한다.

● 서울대학교, 연세대학교 저자 특별 초청강연
● 조선, 중앙, 동아일보, 매일경제, 한국경제 등 특별 인터뷰

학대와 고난, 극복과 사랑 그리고 승리까지
감동으로 가득한 스포츠 영웅의 휴먼 스토리

오픈

안드레 애거시 지음 | 김현정 옮김
614쪽 | 값 19,500원

시대의 이단아가 던지는 격정적 삶의 고백!

남자 선수로는 유일하게 골든 슬램을 달성한 안드레 애거시. 테니스 인생의 정상에 오르기까지와 파란만장한 삶의 여정이 서정적 언어로 독자의 마음을 자극한다. 최고의 스타 선수는 무엇으로, 어떻게, 그 자리에 오를 수 있었을까? 또 행복하지만은 않았던 그의 테니스 인생 성장기를 통해 우리는 무엇을 배울 수 있을까. 안드레 애거시의 가치관과 생각을 읽을 수 있다.

● Times 등 주요 13개 언론사 극찬, 자서전 관련분야 1위 (아마존)
● "그의 플레이를 보며 나는 꿈을 키웠다!"-국가대표 테니스 코치 이형택

새로운 시대는 逆(역)으로 시작하라!

콘트래리언

이신영 지음
408쪽 | 값 17,000원

위기극복의 핵심은 역발상에서 나온다!
세계적 거장들의 삶과 경영을 구체적이고 내밀하게 들여다본 저자는 그들의 성공핵심은 많은 사람들이 옳다고 추구하는 흐름에 '거꾸로' 갔다는 데 있음을 발견했다. 모두가 실패를 두려워할 때 도전할 줄 알았고, 모두가 아니라고 말하는 아이디어를 성공적인 아이디어로 발전시켰으며 최근 15년간 3대 악재라 불린 위기 속에서 기회를 찾고 성공을 거두었다.

- 한국출판문화산업 진흥원 '이달의 책' 선정도서
- KBS 1 라디오 <오한진 이정민의 황금사과> 방송

실력을 성공으로 바꾸는 비결

리더의 존재감은 어디서 나오는가

실비아 앤 휴렛 지음 | 황선영 옮김
308쪽 | 값 15,000원

이 책은 조직의 사다리를 오르는 젊은 직장인과 리더를 꿈꾸는 사람들이 시급하게 읽어야 할 필독서이다. 더이상 서류상의 자격만으로는 앞으로 다가올 큰 기회를 잡을 수 없다. 사람들에게 자신감과 신뢰성을 보여주는 능력, 즉 강력한 존재감이 필요하다. 여기에 소개되는 연구 결과는 읽을거리가 많고 생생한 이야기와 신빙성 있는 자료로 가득하다. 실비아 앤 휴렛은 이 책을 통해 존재감을 완벽하게 드러내는 비법을 전수한다.

- 이코노믹리뷰 추천도서
- 저자 싱커스 50

비즈니스 성공의 불변법칙
경영의 멘탈모델을 배운다!

퍼스널 MBA

조쉬 카우프만 지음 | 이상호, 박상진 옮김
756쪽 | 값 23,500원

"MASTER THE ART OF BUSINESS"
비즈니스 스쿨에 발을 들여놓지 않고도 자신이 원하는 시간과 적은 비용으로 비즈니스 지식을 획기적으로 높이는 방법을 가르쳐 주고 있다. 실제 비즈니스의 운영, 개인의 생산성 극대화, 그리고 성과를 높이는 스킬을 배울 수 있다. 이 책을 통해 경영학을 마스터하고 상위 0.01%에 속하는 부자가 되는 길을 따라가 보자.

- 아마존 경영 & 리더십 트레이닝 분야 1위
- 미국, 일본, 중국 베스트 셀러
- 경영 명저 100권을 녹여 놓은 책

앞서 가는 사람들의 두뇌 습관
스마트 싱킹

아트 마크먼 지음
박상진 옮김
352쪽 | 값 17,000원

보통 사람들은 지능이 높을수록 똑똑한 행동을 할 것이라 생각한다. 하지만 마크먼 교수는 연구를 통해 지능과 스마트한 행동의 상관관계가 그다지 크지 않음을 증명한다. 한 연구에서는 지능검사 결과, 높은 점수를 받은 아이들을 35년 동안 추적하여 결국 인생의 성공과 지능지수는 그다지 상관없다는 사실을 밝히기도 했다. 중요한 것은 스마트한 행동으로 이끄는 것은 바로 '생각의 습관'이라는 것이다. 스마트한 습관은 정보와 행동을 연결해 행동을 합리적으로 수행하도록 하는 일관된 변환(consistent mapping)으로 형성된다. 곧 스마트 싱킹은 실천을 통해 행동으로 익혀야 한다는 뜻이다. 스마트한 습관을 창조하여 고품질 지식을 습득하고, 그 지식을 활용하여 새로운 문제를 창의적으로 해결해야 스마트 싱킹이 가능한 것이다. 그러려면 끊임없이 '왜'라고 물어야 한다. '왜'라는 질문에서 우리가 얻을 수 있는 것은 사물의 원리를 설명하는 인과적 지식이기 때문이다. 스마트 싱킹에 필요한 고품질 지식은 바로 이 인과적 지식을 통해 습득할 수 있다. 이 책은 일반인이 고품질 지식을 얻어 스마트 싱킹을 할 수 있는 구체적인 방법을 담고 있다. 예를 들어 문제를 글로 설명하기, 자신에게 설명해 보기 등 문제해결 방법과 회사와 가정에서 스마트한 문화를 창조하기 위한 8가지 방법이 기술되어 있다.

- 조선일보 등 주요 15개 언론사의 추천
- KBS TV, CBS방영 및 추천

백 마디 불통의 말, 한 마디 소통의 말

당신은 어떤 말을 하고 있나요?

김종영 지음
248쪽 | 값 13,500원

리더십의 핵심은 소통능력이다. 소통을 체계적으로 연구하는 학문이 바로 수사학이다. 이 책은 우선 사람을 움직이는 힘, 수사학을 집중 조명한다. 그리고 소통의 능력을 필요로 하는 우리 사회의 리더들에게 꼭 필요한 수사적 리더십의 원리를 제공한다. 더나아가서 수사학의 원리를 실제 생활에 어떻게 적용할 수 있는지 일러준다. 독자는 행복한 말하기와 아름다운 소통을 체험할 것이다.

- SK텔레콤 사보 <Inside M> 인터뷰
- MBC 라디오 <라디오 북 클럽> 출연
- 매일 경제, 이코노믹리뷰, 경향신문 소개
- 대통령 취임 2주년 기념식 특별연설

무엇이 평범한 사람을 유명하게 만드는가?

폭스팩터

앤디 하버마커 지음 | 곽윤정, 이현웅 옮김
265쪽 | 값 14,000원

무의식을 조종하는 매혹의 기술

오제이 심슨, 오펜하이머, 폴 포츠, 수전 보일…논리가 전혀 먹혀들지 않는 이미지 전쟁의 세계. 이는 폭스팩터가 우리의 무의식을 교활하게 점령하고 있기 때문이다. 1%셀러브리티들의 전유물처럼 여겨졌던 행동 설계의 비밀을 일반인들도 누구나 배울 수 있다. 전 세계 스피치 전문가를 매료시킨 강력한 커뮤니케이션기법소통으로, 고민하는 모든 사람들에게 강력 추천한다.

- 폭스팩터는 자신을 드러내기 위해 반드시 필요한 무기
- 조직의 리더나 대중에게 어필하고자 하는 사람을 위한 필독서

새로운 리더십을 위한 지혜의 심리학

이끌지 말고 따르게 하라

김경일 지음
328쪽 | 값 15,000원

이 책은 '훌륭한 리더', '존경받는 리더', '사랑받는 리더'가 되고 싶어하는 모든 사람들을 위한 책이다. 요즘 사회에서는 존경보다 질책을 더 많이 받는 리더들의 모습을 쉽게 볼 수 있다. 저자는 리더십의 원형이 되는 인지심리학을 바탕으로 바람직한 리더의 모습을 하나씩 밝혀준다. 현재 리더의 위치에 있는 사람뿐만 아니라, 앞으로 리더가 되기 위해 노력하고 있는 사람이라면 인지심리학의 새로운 접근에 공감하게 될 것이다. 존경받는 리더로서 조직을 성공시키고, 나아가 자신의 삶에서도 승리하기를 원하는 사람들에게 필독을 권한다.

- OtvN <어쩌다 어른> 특강 출연
- 예스24 리더십 분야 베스트 셀러
- 국립중앙도서관 사서 추천 도서

30초만에 상대방의 마음을 사로잡는

스피치 에센스

제러미 도노반, 라이언 에이버리 지음
박상진 옮김 | 348쪽 | 값 15,000원

타인들을 대상으로 하는 연설의 가치는 개별 청자들의 지식, 행동 그리고 감정에 끼치는 영향력에 달려있다. 토스마스터즈클럽은 이를 연설의 '일반적 목적'이라 칭하며 연설이라면 다음의 목적들 중 하나를 달성해야 한다고 규정하고 있다. 지식을 전달하고, 청자를 즐겁게 하는 것은 물론 나아가 영감을 불어넣을 수있어야 한다. 이 책은 토스마스터즈인 제러미 도노반과 대중연설 챔피언인 라이언 에이버리가 강력한 대중연설의 비밀에 대해서 말해준다.

경쟁을 초월하여 영원한 승자로 가는 지름길

탁월한 전략이 미래를 창조한다

리치 호워드 지음 | 박상진 옮김
300쪽 | 값 17,000원

이 책은 혁신과 영감을 통해 자신들의 경험과 지식을 탁월한 전략으로 바꾸려는 리더들에게 실질적인 프레임워크를 제공해준다. 저자는 탁월한 전략을 위해서는 새로운 통찰을 결합하고 독자적인 경쟁 전략을 세우고 헌신을 이끌어내는 것이 중요하다고 강조한다. 나아가 연구 내용과 실제 사례, 사고 모델, 핵심 개념에 대한 명쾌한 설명을 통해 탁월한 전략가가 되는 데 필요한 핵심 스킬을 만드는 과정을 제시해준다.

- 조선비즈, 매경이코노미 추천도서
- 저자 전략분야 뉴욕타임즈 베스트 셀러

진정한 부와 성공을 끌어당기는 단 하나의 마법

생각의 시크릿

밥 프록터, 그레그 레이드 지음 | 박상진 옮김
268쪽 | 값 13,800원

성공한 사람들은 그렇지 못한 사람들과 다른 생각을 갖고 있는 것인가? 지난 100년의 역사에서 수많은 사람을 성공으로 이끈 성공 철학의 정수를 밝힌다. <생각의 시크릿>은 지금까지 부자의 개념을 오늘에 맞게 더 구체화시켰다. 지금도 변하지 않는 법칙을 따라만하면 누구든지 성공의 비밀에 다가갈 수 있다. 이 책은 각 분야에서 성공한 기업가들이 지난 100년간의 성공 철학을 어떻게 이해하고 따라했는지 살펴보면서, 그들의 성공 스토리를 생생하게 전달하고 있다.

- 2016년 자기계발분야 화제의 도서
- 매경이코노미, 이코노믹리뷰 소개

성과기반의 채용과 구직을 위한 가이드

100% 성공하는 채용과 면접의 기술

루 아들러 지음 | 이병철 옮김
352쪽 | 값 16,000원

기업에서 좋은 인재란 어떤 사람인가? 많은 인사담당사는 스펙만 보고 채용하다가는 낭패당하기 쉽다고 말한다. 최근 전문가들은 성과기반채용 방식에서 그 해답을 찾는다. 이는 개인의 역량을 기초로 직무에서 성과를 낼 수 있는 요인을 확인하고 검증하는 면접이다. 이 책은 세계의 수많은 일류 기업에서 시도하고 있는 성과기반채용에 대한 개념, 프로세스, 그리고 실패방법을 다양한 사례로 설명하고 있다.

● 2016년 경제경영분야 화제의 도서

세계 최초 뇌과학으로 밝혀낸 반려견의 생각

반려견은 인간을 정말 사랑할까?

그레고리 번즈 지음 | 김신아 옮김
316쪽 | 값 15,000원

과학으로 밝혀진 반려견의 신비한 사실

순종적이고, 충성스럽고, 애정이 넘치는 반려견들은 우리에게 있어서 최고의 친구이다. 그럼 과연 반려견들은 우리가 사랑하는 방법처럼 인간을 사랑할까? 수십 년 동안 인간의 뇌에 대해서 연구를 해 온 에모리 대학교의 신경 과학자인 조지 번스가 반려견들이 우리를 얼마나, 어떻게 사랑하는지에 대한 비밀을 과학적인 방법으로 들려준다. 반려견들이 무슨 생각을 하는지 알아보기 위해 기능적 뇌 영상을 촬영하겠다는 저자의 프로젝트는 놀라움을 넘어 충격에 가깝다.

세계를 무대로 미래의 비즈니스를 펼쳐라

21세기 글로벌 인재의 조건

시오노 마코토 지음 | 김성수 옮김
244쪽 | 값 15,000원

세계 최고의 인재는 무엇이 다른가? 이 책은 21세기 글로벌 시대에 통용될 수 있는 비즈니스와 관련된 지식, 기술, 그리고 에티켓 등을 자세하게 설명한다. 이 뿐만 아니라 재무, 회계, 제휴 등의 업무에 바로 활용가능한 실무적인 내용까지 다루고 있다. 이 모든 것들이 미래의 주인공을 꿈꾸는 젊은이들에게 글로벌 인재가 되기 위한 발판을 마련해주는데 큰 도움이 될 것이다. 저자의 화려한 국제 비즈니스 경험과 감각을 바탕으로 비즈니스에 임하는 자세와 기본기, 그리고 실천 전략에 대해서 알려준다.

세계 초일류 기업이 벤치마킹한
성공전략 5단계

승리의 경영전략

AG 래플리, 로저마틴 지음
김주권, 박광태, 박상진 옮김
352쪽 | 값 18,500원

이 책은 전략의 이론만을 장황하게 나열하지 않는다. 매일 치열한 생존경쟁이 벌어지고 있는 경영 현장에서 고객과 경쟁자를 분석하여 전략을 입안하고 실행을 주도하였던 저자들의 실제 경험과 전략 대가들의 이론이 책속에서 생생하게 살아 움직이고 있다. 혁신의 아이콘인 A.G 래플리는 P&G의 최고책임자로 다시 돌아왔다. 그는 이 책에서 P&G가 실행하고 승리했던 시장지배의 전략을 구체적으로 보여줄 것이다. 생활용품 전문기업인 P&G는 지난 176년간 끊임없이 혁신을 해왔다. 보통 혁신이라고 하면 전화기, TV, 컴퓨터 등 우리 생활에 커다란 변화를 가져오는 기술이나 발명품 등을 떠올리곤 하지만, 소소한 일상을 편리하게 만드는 것 역시 중요한 혁신 중에 하나라고 할 수 있다. 그리고 그러한 혁신은 체계적인 전략의 틀 안에서 지속적으로 이루어질 수 있다. 월 스트리트 저널, 워싱턴 포스트의 베스트셀러인 <Plating to Win: 승리의 경영전략>은 전략적 사고와 그 실천의 핵심을 담고 있다. 리플리는 10년간 CEO로서 전략 컨설턴트인 로저마틴과 함께 P&G를 매출 2배, 이익은 4배, 시장가치는 100조 이상으로 성장시켰다. 이 책은 크고 작은 모든 조직의 리더들에게 대담한 전략적 목표를 일상 속에서 실행하는 방법을 보여주고 있다. 그것은 바로 사업의 성공을 좌우하는 명확하고, 핵심적인 질문인 '어디에서 사업을 해야 하고', '어떻게 승리할 것인가'에 대한 해답을 찾는 것이다.

● 경영대가 50인(Thinkers 50)이 선정한 2014 최고의 책
● 탁월한 경영자와 최고의 경영 사상가의 역작
● 월스트리스 저널 베스트 셀러

MIT 출신 엔지니어가 개발한 창조적 세일즈 프로세스
세일즈 성장 무한대의 공식

마크 로버지 지음 | 정지현 옮김
272쪽 | 값 15,000원

세일즈를 과학이 아닌 예술로 생각한 스타트업 기업들은 좋은 아이디어가 있음에도 불구하고 성공을 이루지 못한다. 기업이 막대한 매출을 올리기 위해서는 세일즈 팀이 필요하다. 지금까지는 그 목표를 달성하게 해주는 예측 가능한 공식이 없었다. 이 책은 세일즈를 막연한 예술에서 과학으로 바꿔주는 검증된 공식을 소개한다. 단 3명의 직원으로 시작한 스타트업이 1천억원의 매출을 달성하기까지의 여정을 통해 모든 프로세스에서 예측과 계획, 그리고 측정이 가능하다는 사실을 알려준다.

● 아마존 세일즈분야 베스트 셀러

인생의 고수가 되기 위한 진짜 공부의 힘
김병완의 공부혁명

김병완 지음
236쪽 | 값 13,800원

공부는 20대에게 세상을 살아갈 수 있는 힘과 자신감 그리고 내공을 길러준다. 그래서 20대 때 공부에 미쳐 본 경험이 있는 사람과 그렇지 못한 사람은 알게 모르게 평생 큰 차이가 난다. 진짜 청춘은 공부하는 청춘이다. 공부를 하지 않고 어떻게 100세 시대를 살아가고자 하는가? 공부는 인생의 예의이자 특권이다. 20대 공부는 자신의 내면을 발견할 수 있게 해주고, 그로 인해 진짜 인생을 살아갈 수 있게 해준다. 이 책에서 말하는 20대 청춘이란 생물학적인 나이만을 의미하지 않는다. 60대라도 진짜 공부를 하고 있다면 여전히 20대 청춘이고 이들에게는 미래에 대한 확신과 풍요의 정신이 넘칠 것이다.

하버드 경영대학원 마이클 포터의 성공전략 지침서
당신의 경쟁전략은 무엇인가?

조안 마그레타 지음 | 김언수, 김주권, 박상진 옮김
368쪽 | 값 22,000원

이 책은 방대하고 주요한 마이클 포터의 이론과 생각을 한 권으로 정리했다. <하버드 비즈니스리뷰> 편집장 출신인 조안 마그레타(Joan Magretta)는 마이클 포터와의 협력으로 포터교수의 아이디어를 업데이트하고, 이론을 증명하기 위해 생생하고 명확한 사례들을 알기 쉽게 설명한다. 전략경영과 경쟁전략의 핵심을 단기간에 마스터하기 위한 사람들의 필독서이다.

● 전략의 대가, 마이클 포터 이론의 결정판
● 아마존 전략분야 베스트 셀러
● 일반인과 대학생을 위한 전략경영 필독서

언제까지 질병으로 고통받을 것인가?
난치병 치유의 길

앤서니 윌리엄 지음 | 박용준 옮김
468쪽 | 값 22,000원

이 책은 현대의학으로는 치료가 불가능한 질병으로 고통 받는 수많은 사람들에게 새로운 치료법을 소개한다. 저자는 사람들이 무엇으로 고통 받고, 어떻게 그들의 건강을 관리할 수 있는지에 대한 영성의 목소리를 들었다. 현대 의학으로는 설명할 수 없는 질병이나 몸의 비정상적인 상태의 근본 원인을 밝혀주고 있다. 당신이 원인불명의 증상으로 고생하고 있다면 이 책은 필요한 해답을 제공해 줄 것이다.

● 아마존 건강분야 베스트 셀러 1위

대담한 혁신상품은 어떻게 만들어지는가?
신제품 개발 바이블

로버트 쿠퍼 지음 | 류강석, 박상진, 신동영 옮김
648쪽 | 값 28,000원

오늘날 비즈니스 환경에서 진정한 혁신과 신제품개발은 중요한 도전과제이다. 하지만 대부분의 기업들에게 야심적인 혁신은 보이지 않는다. 이 책의 저자는 제품혁신의 핵심성공 요인이자 세계최고의 제품개발 프로세스인 스테이지-게이트(Stage-Gate)에 대해 강조한다. 아울러 올바른 프로젝트 선택 방법과 스테이지-게이트 프로세스를 활용한 신제품개발 성공 방법에 대해서도 밝히고 있다. 신제품은 기업번영의 핵심이다. 이러한 방법을 배우고 기업의 실적과 시장 점유율을 높이는 대담한 혁신을 성취하는 것은 담당자, 관리자, 경영자의 마지노선이다.

질병의 근본 원인을 밝히고 남다른 예방법을 제시한다
의사들의 120세 건강 비결은 따로 있다

마이클 그레거 지음 | 홍영준, 강태진 옮김
❶ 질병원인 치유편 | 564쪽 | 값 22,000원
❷ 질병예방 음식편 | 340쪽 | 값 15,000원

미국 최고의 영양 관련 웹사이트인 http://NutritionFacts.org를 운영 중인 세계적인 영양전문가이자 내과의사가 과학적인 증거로 치명적인 질병으로 사망하는 원인을 규명하고 병을 예방하고 치유하는 식습관에 대해 집대성한 책이다. 저자는 영양과 생활방식의 조정이 처방약, 항암제, 수술보다 더 효과적일 수 있다고 강조한다. 우수한 건강서로서 모든 가정의 구성원들이 함께 읽고 실천하면 좋은 '가정건강지킴이'로서 손색이 없다.

● 아마존 식품건강분야 1위   ● 출간 전 8개국 판권계약

기초가 탄탄한 글의 힘

실용 글쓰기 정석

황성근 지음 | 252쪽 | 값 13,500원

글쓰기는 인간의 기본 능력이자 자신의 능력을 발휘하는 핵심적인 도구이다. 글은 이론만으로 잘 쓸 수 없다. 좋은 글을 많이 읽고 체계적인 연습이 필요하다. 이 책에서는 기본 원리와 구성, 나아가 활용 수준까지 글쓰기의 모든 것을 다루고 있다. 이 책은 지금까지 자주 언급되고 무조건적으로 수용되던 기존 글쓰기의 이론들을 아예 무시했다. 실제 글쓰기를 할 때 반드시 필요하고 알아두어야 하는 내용들만 담았다. 책의 내용도 외울 필요가 없고 소설 읽듯 하면 바로 이해되고 그 과정에서 원리를 터득할 수 있도록 심혈을 기울인 책이다. 글쓰기에 대한 깊은 고민에 빠진 채 그 방법을 찾지 못해 방황하고 있는 사람들에게 필독키를 권한다.

회사를 살리는 영업 AtoZ

세일즈 마스터

이장석 지음 | 396쪽 | 값 17,500원

영업은 모든 비즈니스의 꽃이다. 오늘날 경영학의 눈부신 발전과 성과에도 불구하고, 영업관리는 여전히 비과학적인 분야로 남아있다. 영업이 한 개인의 개인기나 합법과 불법을 넘나드는 묘기의 수준에 남겨두는 한, 기업의 지속적 발전은 한계에 부딪히기 마련이다. 이제 편법이 아닌 정석에 관심을 쏟을 때다. 본질을 망각한 채 결과에 올인하는 영업직원과 눈앞의 성과만으로 모든 것을 평가하려는 기형적인 조직문화는 사라져야 한다. 이 책은 영업의 획기적인 리엔지니어링을 위한 AtoZ를 제시한다. 디지털과 인공지능 시대에 더 인정받는 영업직원과 리더를 위한 필살기다.

나와 당신을 되돌아보는, 지혜의 심리학

어쩌면 우리가 거꾸로 해왔던 것들

김경일 지음 | 272쪽 | 값 15,000원

저자는 이 책에서 수십 년 동안 심리학을 공부해오면서 사람들로부터 가장 많은 공감을 받은 필자의 말과 글을 모아 엮었다. 수많은 독자와 청중들이 '아! 맞아. 내가 그랬었지'라며 지지했던 내용들이다. 다양한 사람들이 공감한 내용들의 방점은 이렇다. 안타깝게도 세상을 살아가는 우리 대부분은 '거꾸로'하고 있는지도 모른다. 이 책은 지금까지 일상에서 거꾸로 해온 것을 반대로, 즉 우리가 '거꾸로 해왔던 수많은 말과 행동들'을 조금이라도 제자리로 되돌아보려는 노력의 산물이다. 이런 지혜를 터득하고 심리학을 생활 속에서 실천하길 바란다.

"비즈니스의 성공을 위해
꼭 알아야하는 경영의 핵심지식"

퍼스널 MBA

조쉬 카우프만 지음
이상호, 박상진 옮김
756쪽 | 값 25,000원

지속가능한 성공적인 사업은 경영의 어느 한 부분의 탁월성만으로는 불충분하다. 이는 가치창조, 마케팅, 영업, 유통, 재무회계, 인간의 이해, 인적자원 관리, 전략을 포함한 경영관리 시스템 등 모든 부분의 지식과 경험 그리고 통찰력이 갖추어 질 때 가능한 일이다. 그렇다고 그 방대한 경영학을 모두 섭렵할 필요는 없다고 이 책의 저자는 강조한다. 단지 각각의 경영원리를 구성하고 있는 멘탈 모델(Mental Model)을 제대로 익힘으로써 가능하다.

세계 최고의 부자인 빌게이츠, 워런버핏과 그의 동업자 찰리 멍거(Charles T. Munger)를 비롯한 많은 기업가들이 이 멘탈모델을 통해서 비즈니스를 시작하고, 또 큰 성공을 거두었다. 이 책에서 제시하는 경영의 핵심개념 248가지를 통해 독자들은 경영의 멘탈모델을 습득하게 된다.

필자는 지난 5년간 수천 권이 넘는 경영 서적을 읽었다. 수백 명의 경영 전문가를 인터뷰하고, 포춘지 선정 세계 500대 기업에서 일을 했으며, 사업도 시작했다. 그 과정에서 배우고 경험한 지식들을 모으고, 정제하고, 잘 다듬어서 몇 가지 개념으로 정리하게 되었다. 이들 경영의 기본 원리를 이해한다면, 현명한 의사결정을 내리는 데 유익하고 신뢰할 수 있는 도구를 얻게 된다. 이러한 개념들의 학습에 시간과 노력을 투자해 마침내 그 지식을 활용할 수 있게 된다면, 독자는 어렵지 않게 전 세계 인구의 상위 1% 안에 드는 탁월한 사람이 된다. 이 책의 주요내용은 다음과 같다.

- 실제로 사업을 운영하는 방법
- 효과적으로 창업하는 방법
- 기존에 하고 있던 사업을 더 잘 되게 하는 방법
- 경영 기술을 활용해 개인적 목표를 달성하는 방법
- 조직을 체계적으로 관리하여 성과를 내는 방법

유능한 리더는 직원의 회복력부터 관리한다

스트레스 받지 않는 사람은 무엇이 다른가

데릭 로저, 닉 페트리 지음
김주리 옮김 | 308쪽 | 값 15,000원

이 책은 흔한 스트레스 관리에 관한 책이 아니다. 휴식을 취하는 방법에 관한 책도 아니다. 인생의 급류에 휩쓸리지 않고 어려움을 헤쳐 나갈 수 있는 능력인 회복력을 강화하여 삶을 주체적으로 사는 법에 관한 명저다. 엄청난 무게의 힘든 상황에서도 감정적 반응을 재설계하도록 하고, 스트레스 증가 외에는 아무런 도움이 되지 않는 자기 패배적 사고 방식을 깨는 방법을 제시한다. 깨어난 순간부터 자신의 태도를 재조정하는 데 도움이 되는 사례별 연구와 극복 기술을 소개한다.

상위 7% 우등생 부부의 9가지 비결

사랑의 완성 결혼을 다시 생각하다

그레고리 팝캑 지음
민지현 옮김 | 396쪽 | 값 16,500원

결혼 상담 치료사인 저자는 특별한 부부들이 서로를 대하는 방식이 다른 모든 부부관계에도 도움이 된다고 알려준다. 그리고 성공적인 부부들의 삶과 그들의 행복비결을 밝힌다. 저자 자신의 결혼생활 이야기를 비롯해 상담치료 사례와 이에대한 분석, 자가진단용 설문, 훈련 과제 및 지침 등으로 구성되어 있다. 이 내용들은 오랜 결혼 관련 연구논문으로 지속적으로 뒷받침되고 있으며 효과가 입증된 것들이다. 이 책을 통해 독자들은 자신의 어떤 점이 결혼생활에 부정적으로 작용하며, 긍정적인 변화를 위해서는 어떤 노력을 해야 하는지 배울 수 있다.

기후의 역사와 인류의 생존

시그널

벤저민 리버먼, 엘리자베스 고든 지음
은종환 옮김 | 440쪽 | 값 18,500원

이 책은 인류의 역사를 기후변화의 관점에서 풀어내고 있다. 인류의 발전과 기후의 상호작용을 흥미 있게 조명한다. 인류 문화의 탄생부터 현재에 이르기까지 역사의 중요한 지점을 기후의 망원경으로 관찰하고 해석한다. 당시의 기후조건이 필연적으로 만들어낸 여러 사회적인 변화를 파악한다. 결코 간단하지 않으면서도 흥미진진한, 그리고 현대인들이 심각하게 다뤄야 할 이 주제에 대해 탐구를 시작하고자 하는 독자에게 이 책이 좋은 길잡이가 되리라 기대해본다.

하버드 경영 대학원 마이클 포터의 성공전략 지침서

당신의 경쟁전략은 무엇인가?

조안 마그레타 지음
김언수, 김주권, 박상진 옮김
368쪽 | 값 22,000원

마이클 포터(Michael E. Porter)는 전략경영 분야의 세계 최고 권위자다. 개별 기업, 산업구조, 국가를 아우르는 연구를 전개해 지금까지 17권의 저서와 125편 이상의 논문을 발표했다. 저서 중 『경쟁전략(Competitive Strategy)』(1980), 『경쟁우위(Competitive Advantage)』(1985), 『국가경쟁우위(The Competitive Advantage of Nations)』(1990) 3부작은 '경영전략의 바이블이자 마스터피스'로 공인받고 있다. 경쟁우위, 산업구조 분석, 5가지 경쟁요인, 본원적 전략, 차별화, 전략적 포지셔닝, 가치사슬, 국가경쟁력 등의 화두는 전략 분야를 넘어 경영학 전반에 새로운 지평을 열었고, 사실상 세계 모든 경영 대학원에서 핵심적인 교과목으로 다루고 있다. 이 책은 방대하고 주요한 마이클 포터의 이론과 생각을 한 권으로 정리했다. <하버드 비즈니스리뷰> 편집장 출신인 저자는 폭넓은 경험을 바탕으로 포터 교수의 강력한 통찰력을 경영일선에 효과적으로 적용할 수 있도록 설명한다. 즉, "경쟁은 최고가 아닌 유일무이한 존재가 되고자 하는 것이고, 경쟁자들 간의 싸움이 아니라, 자사의 장기적 투하자본이익률(ROIC)을 높이는 것이다." 등 일반인들이 잘못 이해하고 있는 포터의 이론들을 명백히 한다. 전략경영과 경쟁전략의 핵심을 단기간에 마스터하여 전략의 전문가로 발돋음 하고자 하는 대학생은 물론 전략에 관심이 있는 MBA과정의 학생들을 위한 필독서이다. 나아가 미래의 사업을 주도하여 지속적 성공을 꿈꾸는 기업의 관리자에게는 승리에 대한 영감을 제공해 줄 것이다.

● 전략의 대가, 마이클 포터 이론의 결정판
● 아마존전략 분야 베스트 셀러
● 일반인과 대학생을 위한 전략경영 필독서

언어를 넘어 문화와 예술을 관통하는 수사학의 힘

현대 수사학

요아힘 크나페 지음
김종영, 홍설영 옮김 | 480쪽 | 값 25,000원

이 책의 목표는 인문학, 문화, 예술, 미디어 등 여러 분야에 수사학을 접목시킬 현대 수사학이론을 개발하는 것이다. 수사학은 본래 언어적 형태의 소통을 연구하는 학문이라서 기초이론의 개발도 이 점에 주력하였다. 그 결과 언어적 소통의 관점에서 수사학의 역사를 개관하고 정치 수사학을 다루는 서적은 꽤 많지만, 수사학 이론을 현대적인 관점에서 새롭고 포괄적으로 다룬 연구는 눈에 띄지 않는다. 이 책은 수사학이 단순히 언어적 행동에만 국한하지 않고, '소통이 있는 모든 곳에 수사학도 있다'는 가정에서 출발한다. 이를 토대로 크나페 교수는 현대 수사학 이론을 체계적으로 개발하고, 문학, 음악, 이미지, 영화 등 실용적인 영역에서 수사학적 분석이 어떻게 가능한지를 총체적으로 보여준다.

새로나올 책

타인의 동의를 얻고 팀웍을 발휘하는 힘

협업 지능 (가제)

도나 마르코바, 앤지 맥아서 지음

다양하고 빠르게 변해가는 이 세상에서 살아가려면 IQ와 EQ가 필요하다. 하지만 이제 그것만으로는 충분하지 않다. 집단이나 네트워크의 힘을 다스려 목적을 달성할 수 있는 능력에 대한 기대가 점점 더 커지고 있기 때문이다. 따라서 협업지능(CQ)의 필요성이 더 중요해지고 있다. 협업지능이란 문제를 해결하기 위해 동료들과 함께 생각할 수 있는 능력을 말한다. CQ는 생각과 상호작용으로 혁신의 방식이 바뀌고 있는 가운데 새롭게 부상하고 있다. 협업능력이야말로 우리 주위에 벌어지는 문제들을 해결하기 위해 없어서는 안 될 능력이다.

서울대학교 말하기 강의 (가제)

김종영 지음

이 책은 공론장에서 타인과 나의 의견이 다름을 인정하고, 그 차이점을 조율해 최종적으로 합리적인 의사 결정을 도출하는 능력을 강조한다. 특히 자신의 말하기 태도와 습관에 대한 성찰을 통해, 자신에게 가장 적합한 말하기의 특성을 찾을 수 있다. 독자들은 창의적이고 구체적인 이야기 구성능력을 키우고, 논리적이고 설득적인 말하기 능력을 훈련할 뿐만 아니라, 말의 주체로서 자신이 한 말에 책임을 지는 윤리성까지 인식하는 과정을 배울 수 있다. 논술을 준비하는 학생을 포함한 교사와 학부모 그리고 말하기에 관심있는 일반 독자들에게 필독을 권한다.

"질병의 근본 원인을 밝히고
남다른 예방법을 제시한다"

의사들의 120세 건강비결은 따로 있다

마이클 그레거 지음
홍영준, 강태진 옮김
❶ 질병원인 치유편 값 22,000원 | 564쪽
❷ 질병예방 음식편 값 15,000원 | 340쪽

우리가 미처 몰랐던 질병의 원인과 해법
질병의 근본 원인을 밝히고 남다른 예방법을 제시한다

건강을 잃으면 모든 것을 잃는다. 의료 과학의 발달로 조만간 120세 시대도 멀지 않았다. 하지만 우리의 미래는 '얼마나 오래 살 것인가?'보다는 '얼마나 건강하게 오래 살 것인가?'를 고민해야하는 시점이다. 이 책은 질병과 관련된 주요 사망 원인에 대한 과학적 인과관계를 밝히고, 생명에 치명적인 병을 예방하고 건강을 회복시킬 수 있는 방법을 명쾌하게 제시한다. 수천 편의 연구결과에서 얻은 적절한 영양학적 식이요법을 통하여 건강을 획기적으로 증진시킬 수 있는 과학적 증거를 밝히고 있다. 15가지 주요 조기 사망 원인들(심장병, 암, 당뇨병, 고혈압, 뇌질환 등)은 매년 미국에서만 1백 6십만 명의 생명을 앗아간다. 이는 우리나라에서도 주요 사망원인이다. 이러한 비극의 상황에 동참할 필요는 없다. 강력한 과학적 증거가 뒷받침된 그레거 박사의 조언으로 치명적 질병의 원인을 정확히 파악하라. 그리고 장기간 효과적인 음식으로 위험인자를 적절히 예방하라. 그러면 비록 유전적인 단명요인이 있다 해도 이를 극복하고 장기간 건강한 삶을 영위할 수 있다. 이제 인간의 생명은 운명이 아니라, 우리의 선택에 달려있다. 기존의 건강서와는 차원이 다른 이 책을 통해서 '더 건강하게, 더 오래 사는' 무병장수의 시대를 활짝 열고, 행복한 미래의 길로 나아갈 수 있을 것이다.

● 아마존 의료건강분야 1위
● 출간 전 8개국 판권계약

기업체 교육안내 <탁월한 전략의 개발과 실행>

월스트리트 저널(WSJ)이 포춘 500대 기업의 인사 책임자를 조사한 바에 따르면, 관리자에게 가장 중요한 자질은 <전략적 사고>로 밝혀졌다. 750개의 부도기업을 조사한 결과 50%의 기업이 전략적 사고의 부재에서 실패의 원인을 찾을 수 있었다. 시간, 인력, 자본, 기술을 효과적으로 사용하고 이윤과 생산성을 최대로 올리는 방법이자 기업의 미래를 체계적으로 예측하는 수단은 바로 '전략적 사고'에서 시작된다.

전략적 사고

부서를 초월한 업무능력

성과도출 능력

전반적 리더십

핵심재무/회계의 이해

<관리자의 필요 자질>

새로운 시대는 새로운 전략!

- 세계적인 저성장과 치열한 경쟁은 많은 기업들을 어려운 상황으로 내몰고 있다. 산업의 구조적 변화와 급변하는 고객의 취향은 경쟁우위의 지속성을 어렵게 한다. 조직의 리더들에게 사업적 혜안(Acumen)과 지속적 혁신의지가 그 어느 때보다도 필요한 시점이다.

- 핵심기술의 모방과 기업 가치사슬 과정의 효율성으로 달성해온 품질대비 가격경쟁력이 후발국에게 잠식당할 위기에 처해있다. 산업구조 조정만으로는 불충분하다. 새로운 방향의 모색이 필요할 때이다.

- 기업의 미래는 전략이 좌우한다. 장기적인 목적을 명확히 설정하고 외부환경과 기술변화를 면밀히 분석하여 필요한 역량과 능력을 개발해야 한다. 탁월한 전략의 입안과 실천으로 차별화를 통한 지속가능한 경쟁우위를 확보해야 한다. 전략적 리더십은 기업의 잠재력을 효과적으로 이끌어 낸다.

<탁월한 전략> 교육의 기대효과

① 통합적 전략교육을 통해서 직원들의 주인의식과 몰입의 수준을 높여 생산성의 상승을 가져올 수 있다.

② 기업의 비전과 개인의 목적을 일치시켜 열정적으로 도전하는 기업문화로 성취동기를 극대화할 수 있다.

③ 차별화로 추가적인 고객가치를 창출하여 장기적인 경쟁우위를 바탕으로 지속적 성공을 가져올 수 있다.

- 이미 발행된 관련서적을 바탕으로 <탁월한 전략>의 필수적인 3가지 핵심 분야(전략적 사고, 전략의 구축과 실행, 전략적 리더십>를 통합적으로 마스터하는 프로그램이다.

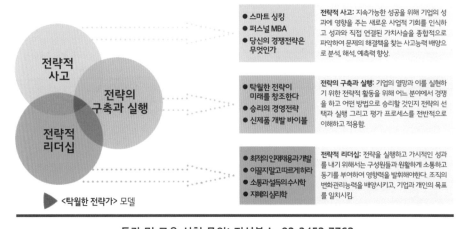

- 스마트 싱킹
- 퍼스널 MBA
- 당신의 경쟁전략은 무엇인가

전략적 사고: 지속가능한 성공을 위해 기업의 성과에 영향을 주는 새로운 사업적 기회를 인식하고 성과와 직접 연결된 가치사슬을 종합적으로 파악하여 문제의 해결책을 찾는 사고능력 배양으로 분석, 해석, 예측력 향상.

- 탁월한 전략이 미래를 창조한다
- 승리의 경영전략
- 신제품 개발 바이블

전략의 구축과 실행: 기업의 열망과 이를 실현하기 위한 전략적 활동을 위해 어느 분야에서 경쟁을 하고 어떤 방법으로 승리할 것인지 전략의 선택과 실행 그리고 평가 프로세스를 전반적으로 이해하고 적용함.

- 최적의인재채용과개발
- 이끌지말고따르게하라
- 소통과설득의수사학
- 지혜의심리학

전략적 리더십: 전략을 실행하고 가시적인 성과를 내기 위해서는 구성원들과 원활하게 소통하고 동기를 부여하여 영향력을 발휘해야한다. 조직의 변화관리능력을 배양시키고, 기업과 개인의 목표를 일치시킴.

전략적 사고

전략의 구축과 실행

전략적 리더십

▶ <탁월한 전략가> 모델

특강 및 교육 신청 문의: 진성북스, 02-3452-7762

120세 건강과 인문학 독서클럽

∴ 비전

건강 · 사랑 · 지혜로 아름다운 세상을 함께 만든다.

∴ 목표

올바른 건강(의학) 지식으로 자신과 가족의 건강을 돌보고,
5년 동안 100권의 인문학 명저를 읽고, 자기 삶을 투영하여 책 한 권을 쓴다.

∴ 얻을 수 있는 경험

하나, 국내 최고 교수진의 인문학 · 건강(의학) 강의를 들을 수 있습니다.

둘, 다양한 사람들과 책 내용을 토론하고 소통하며 사고를 확장합니다.

셋, 5년, 100권의 양서를 읽고 저자가 되는 책 출판의 기회를 드립니다.

2019년 프로그램 일정표

월	인문학 독서와 강의	건강 강의	일정	월	인문학 독서와 강의	건강 강의	일정
1월	사랑의 기술 - 에리히 프롬	뇌과학 1	1/15 1/29	7월	그리스인 조르바 - 니코스 카잔차키스	암 예방법	7/9 7/23
2월	열하일기 - 박지원	뇌과학 2	2/12 2/26	8월	거의 모든 것의 역사 - 빌 브라이슨	심혈관 질환 예방법	8/6 8/20
3월	국가 - 플라톤	뇌과학 3	3/12 3/26	9월	파우스트 - 괴테	생활습관병 예방법	9/10 9/24
4월	광장 - 최인훈	뇌과학 4	4/9 4/23	10월	원형과 무의식 - 칼융	정신건강법	10/8 10/22
5월	건축과 도시의 인문학 - 김석철	뇌과학 5	5/7 5/21	11월	노벨상 수상자 및 작품	혈액과 면역의 이해	11/5 11/19
6월	선악의 저편 - 니체	생명의 작동원리	6/4 6/18	12월	카라마조프의 형제들 - 도스토예프스키	최신 의학 경향	12/10 12/21

※ 건강(의학) 강의 주제는 사정에 따라 변경될 수 있습니다.

회원모집 안내

일시 매월 둘째 주, 넷째 주 화요일
18:00-19:00 저녁식사 / 19:00-22:00 강의와 토론(프로그램 일정표 참고)

장소 강남구 영동대로 85길 38(대치동 944-25) 10층 진성북스 회의장

운영 1) 둘째 주 화요일 - 해당 책 개관과 주제를 발표하고, 토론하면서 생각의 범위 확장

2) 넷째 주 화요일 - 책에 대한 전문가의 종합적 특강을 통해 내용을 자기 것으로 만듦

3) 회비 : 30만원 (6개월) - 강의료 + 식비로 사용됩니다.

가입 1) 02-3452-7762 / 010-2504-2926
방법 2) jinsungbooks@naver.com (진성북스 메일)으로 연락바랍니다.

진성북스 팔로워로 여러분을 초대합니다!

진성북스 네이버 포스트
https://post.naver.com/jinsungbooks

혜택1

팔로우시 추첨을 통해 진성북스 도서 1종을 선물로 드립니다.

혜택2

진성북스에서 개최하는 강연회에 가장 먼저 초대해 드립니다.

혜택3

진성북스 신간도서를 가장 빠르게 받아 보실 수 있는 서평단의 기회를 드립니다.

혜택4

정기적으로 다양하고 풍부한 이벤트에 참여하실 수 있는 기회를 드립니다.

- 홈페이지 : www.jinsungbooks.com
- 페이스북 : https://www.facebook.com/jinsungpublisher/

• - 문 의 : 02)3452-7762

카카오톡에서 진성북스를 만나보세요!
신간알림/이벤트공지/이벤트상품발송알림/오탈자발견/기타문의사항